아버지가 전해준 99가지 지혜

THE BOOK OF FATHERS' WISDOM

by Edward Hoffman, Ph. D.

아버지가 전해준 99 가지 지혜

에드워드 호프만 엮음 / 신미향 옮김

사람과 책

아버지가 전해준 99가지 지혜
THE BOOK OF FATHERS' WISDOM

지은이 / 에드워드 호프만
옮긴이 / 신미향

1판 1쇄 펴낸날 / 1997년 10월 22일
1판 7쇄 펴낸날 / 2001년 5월 25일

펴낸이 / 이보환
펴낸곳 / 사람과 책
등록일자 / 1994년 4월 20일
등록번호 / 제16-878

주소 / 135-080 서울시 강남구 역삼동 605-10 세계빌딩 3층
전화 / (02)556-1612~4 · 팩시밀리 / 556-6842
E-mail / manbook@hitel.net

ISBN 89-8117-026-6

현명하신 아버지께 이 책을 바칩니다.

15년 동안 임상 치료 분야에서 종사하고 전기를 세 권 집필하는 동안 나는 가정 생활의 긍정적인 면에 많은 관심을 갖게 되었다.

부모와 자식 사이에는 갈등이 분명히 존재한다. 그러나 우리가 다른 사람을 사랑하고 아껴 주며 우정을 나눌 수 있는 가장 기본적인 능력은 바로 부모의 사랑에서 비롯된다. 부모의 관심과 보살핌이 없다면 우리들 대부분은 다른 사람과 의미 있는 관계를 형성하기 어려웠을 터이다.

물론 결손 가정이나 사랑 없는 가정이 우리 사회에 엄연히 존재하고 있다는 현실을 간과할 순 없다. 현대 사회는 생활이 풍요로워진 만큼, 이 같은 가정이 많이 존재하는 것도 사실이다. 그렇지만 누구나 어린 시절과 사춘기를 되돌아보면 향수에 젖고 고마운 마음을 갖게 된다. 특히 결혼하고 아이들을 키우며 갖가지 어려움에 부딪치게 되면, 지난날 부모님의 가르침과 사랑에 더욱 깊이 감사하게 된다. 물론 나 역시 그렇다.

최근에 와서야 가족 생활에서 아버지의 역할이 얼마나 중요한가를 다시 깨달았고, 사회적으로 유명한 아버지들이 오랜 역사에 걸쳐 자녀에게 들려 준 지혜와 사랑 이야기를 구체적으로 살펴보고 싶었다.

이런 유명한 사람들은 자신의 아들과 딸에게 어떤 지혜가 담긴 이야기를 들려 주었을까? 공부, 사랑, 성공, 직업, 사회 생활에서 힘든 문제에 부딪쳐 자신감을 잃고 도움을 요청할 때 어떤 말을 해 주었을까? 10대들이 휴대전화기를 들고 다니고 유치원 아이들이 컴퓨터와 칼라 프린터로 친구들의 생일 카드를 만드는 이 시대에, 우리는 과연 어떤 지혜를 전해 주어야 할까?

지금까지 여러 권의 책을 내면서 이번만큼 즐거운 마음으로 써 내려간 책은 없다. 수백 권이 넘는 전기, 자서전, 언행록, 서간집을 읽으며 아버지들이 남긴 보석 같은 지혜를 찾는 즐거움과 환희는 어떤 말로도 적절하게 표현할 수 없을 정도였다. 이 방대하고 대담한 역사 여행을 마무리하며 독자들과 나누고 싶은 이야기가 네 가지 있다.

첫째, 아이들이 자라서 아버지의 어떤 모습을 기억하고 어떤 모습을 소중하게 생각할지는 누구도 미리 짐작할 수 없다는 것이다. 가슴에 가장 와닿은 회고록을 보면 그 내용 자체가 대단한 것은 아니지만, 하나같이 자식들에 대한 아버지의 헌신과 옳은 길로 인도하려는 지혜가 담겨 있었다. 그 사랑은 과학이나 예술, 음악, 운동, 여행, 유머 등 각기 다양한 형식에 담겨 있었지만, 그들이 전하는 내용은 동일했다. 이렇게 본다면 아버지와 아이가 함께 하는 모든 순간이, 아무리 사소한 이야기나 관심이라 할지라도, 오랫동안 잊혀지지 않는 추억으로 남을 가능성이 있는 것이다.

둘째, 아버지의 충고는 참으로 놀라운 힘을 가진다. 부모가 아무리 좋은 말을 해도 아이들은 귀담아 듣지 않는다고 생각하기 쉽지만, 사실은 그렇지 않다. 저명 인사들이 남긴 수많은 삶의 기록을 읽으면서 얻은 확신이 있다면, 아이들이 무관심한 태도를 보이더라도 분명 절실히 느끼는 무엇이 있다는 것이다. 따라서 부모들은 자신의 충고가 뭐 대단하겠냐고 지레 짐작할 필요는 없다.

셋째, 사랑이나 생활과 같이 우리 삶의 핵심이라 할 수 있는 부분은 아무리 시간이 흘러도 근본적으로 변하지 않는다. 물론 외부 환경은 변하지만 인간의 마음은 수십 세기 전과 다를 바 없다. 오랜 세월에도 불구하고 내가 읽은 편지에 담긴 슬픔과 기쁨은 오늘까지 가슴 절절한 감동으로 다가왔다.

마지막으로 나는 세상의 모든 인간 관계 가운데 아버지와 자식만큼 아름다운 관계는 없다고 확신하게 되었다. 그렇지만 아버지와 자식은 가슴 저 깊은 곳에서 순간순간 일어나는 감정을 일일이 내보이며 살지 못한다. 하지만 그렇게 하려고 꾸준히 노력한 사람도 있다. 19세기의 유명한 시인 헨리 워즈워드는 어른이 된 딸 앤에게 아름다운 글을 보냈다.

"아버지가 너에게 전할 수 있는 건 사랑뿐이구나. 이 사랑은 네 나이만큼 오래된 사랑이란다."

그리고 미국의 33대 대통령 해리 트루먼은 사춘기의 딸에게 다소 직설적인 말로 사랑을 전했다.

"내가 널 아기라고 부르는 걸 기분나빠하지 말거라. 네가 아무리 나이가 들고 키가 자라도 이 아버지에게는 언제나 아기란다."

이보다 더 분명한 사랑 표현이 있을까? 오랫동안 잊고 있던 아버지의 사랑이 최근 새로운 관심을 얻고 있다. 이 한 권의 책으로 무언가를 단정하고 완결지으려는 것은 아니지만, 아버지의 사랑과 지혜가 얼마나 끈기 있고 소중한 것인가를 느낄 수 있는 기회가 되었으면 한다.

(감사의 말)

　이 책을 쓰기까지 참으로 많은 사람의 도움을 받았다. 이들의 소중한 도움이 없었다면 이렇게 책으로 만들어지지 못했을 것이다.

　특히 가족들의 끊임없는 격려는 너무나 소중했다. 집필 초기부터 어머니와 함께 수많은 조언을 해 주신 아버지에게 감사드린다. 옆에서 아버지 건강을 챙겨 준 애론과 제레미 덕분에 집필하는 동안 언제나 쾌활하고 균형 잡힌 생활을 할 수 있었고, 아이들과 함께 지낸 시간은 내가 '아버지의 지혜'를 일상 속에서 구현할 기회가 되었다. 마지막으로, 이 책을 완성하고 나 자신이 세운 목표를 이룰 수 있도록 옆에서 도와 준 아내 로렐에게 고마운 마음을 전하고 싶다.

차례

일상 생활에 대한 아버지의 지혜

(순수한 친구를 사귀도록 해라)

로마 제국의 시도니우스(Sidonius of Rome)

15세기 갈리아(현재 프랑스)에 살았던 부유한 로마 귀족 시도니우스는 로마 제국의 황제가 되려는 야망을 품었지만 결국 실패하고 말았다. 다른 사람들에 비해 훌륭한 교육을 받았고 명문 출신이라는 이유로 장관에서 집정관까지 올라갔지만, 자신의 궁극적 목표인 황제의 자리에는 오르지 못했다. 당시 로마 제국은 이미 빛을 잃은 채 쇠퇴의 길을 걷고 있었지만 내부 경쟁은 극도로 치열했던 것이다.

496년, 정치 활동의 정점에 이른 시도니우스는 아들 아폴리네르에게 사람들과 교제할 때 삼가야 할 점에 대해서 일러 주었다.

순수함을 가진 사람은 겸손하지 못한 사람을 자연히 멀리하기 마련이다. 나는 네가 순수함을 잃지 않길 바란다. 아버지는 순수한 사람을 좋아하고 존중한다. 불손한 사람이 욕설을 퍼붓고 공중도덕을 어기는 모습을 보면 순수함이 얼마나 소중한가를 새삼 깨닫게 된다.

두서 없이 말하는 사람, 기쁨을 주지 못하는 사람, 소신을 관철시키지 못한 채 허풍만 떠는 사람, 겉으로는 번드레하게 남을 위하는 척하지만 속으로는 교활한 사람…… 이런 사람과 사귀지 마라. 현재를 살면서 과거에 대해 끊임없이 불평하고 미래에 대해선 냉소로 일관하는 사람 역시 피해야 한다. 이런 사람은 눈앞의 이익을 위해서라면 동냥하는 거지보다 구차하게 달라붙지만 한 번 거절당하면 거절한 사람을 깎아내리기에 바쁘다. 이런 사람은 결코 절제를 모른다. …… 이런 사람과 어울리지 않는 것이 바로 이 애비를 기쁘게 하는 일이다.

담배는 삼가라

얼 카터와 아들 지미 카터(Earl Carter and his son Jimmy)

미국의 39대 대통령 지미 카터는 1900년대 초반 조지아 주의 외진 마을 플레인에서 자랐다. 그는 아버지 얼 카터와 각별한 시간을 보내며 지냈다. 마을 사람들과 친구들은 얼을 아주 교육적인 아버지로 기억하고 있다. 그는 세 아이에게 늘 따뜻한 관심을 보였으며, 특히 아이들의 학업과 여가 활동에 신경을 많이 썼다. 후일 지미 카터가 자서전 《최고가 되기 위해서(Why Not the Best?)》에서 자신에게 가장 큰 영향을 준 사람이아버지라고 한 건 너무나 당연하다 하겠다.

대통령직에서 물러난 카터는 한 인터뷰에서 아동기와 청년기에 있었던 아버지와의 관계에 대해 이렇게 말했다.

난 담배를 피우지 않습니다. 모두 아버지 덕이라고 할 수 있죠. 아버지는 어린 나에게 영웅이었습니다. 강하고 공정하고 부지런하고 재미있고 운동도 잘하셨어요. 그리고 무엇보다 제일 가까운 친구였어요. 사냥이나 낚시를 갈 때뿐 아니라 무더운 여름 목화 밭이나 땅콩 밭으로 나갈 때도 나는 언제나 기쁘고 자랑스러운 마음으로 아버지를 따라다녔습니다.

제1차 세계 대전 이후 아버지는 하루에 거의 두세 갑씩 담배를 피우셨습니다. 그 당시 정부가 군인들에게 공짜로 담배를 지급했기 때문에 미국인들 대부분이 그 때부터 담배를 피우기 시작했는데, 아버지도 그 가운데 한 사람이셨어요. 아버지는 몇 번인가 담배를 끊으려고 시도하셨지만 언제나 실패했습니다. 그 때만 해도 담배가 암을 유발해 생명을 단축시킨다는 사실은 생각도 못 했을 때였습니다. 그렇지만 아버지는 담배를 끊지 못하는 자신을 아주 싫어하셨습니다.

내가 열두 살쯤 되었을 때, 아버지는 스물한 살이 될 때까지 담배를 피우지 말라고 당부하셨고 나는 그러겠노라고 약속했습니다. 나는 약속을 지켰습니다. 그리고 스물한 살이 되던 날 담배 한 갑을 사서 불을 붙였는데 도저히 입에 맞지 않아 피울 수가 없었습니다. 그래서 나머지를 다 버리고 말았죠.

이런 반응이 일반적이라는 사실은 나중에 알았습니다. 스무 살이 될 때까지 담배를 피우지 않은 사람은 평생 동안 담배를 피우지 않는다는 거 말입니다.

그러나 불행히 어머니와 누나, 형 모두 아버지처럼 담배를 많이 피웠고 결국 골초가 되었죠. 그 중 담배를 끊은 두 사람은 오래 살았지만 나머지는 모두 암으로 죽고 말았습니다.

(도박을 멀리하라)

찰스 킹즐리(Charles Kingsley)

찰스 킹즐리는 19세기 영국의 목사이자 소설가이다. 그의 작품《서쪽을 향해서(Westward Ho!)》와《워터 베이비(The Water Babies)》는 지금까지 널리 읽히고 있다. 그는 영국 교회가 당시의 사회 경제 개혁을 적극적으로 지지해야 한다고 역설한 기독교 사회주의의 대표적인 인물이었으며, 한때는 빅토리아 여왕 교회의 목사이기도 했다.

한편 킹즐리는 자식들과 멀리 떨어져 살았기 때문에 늘 아이들에 대한 그리움을 안고 있었다. 1873년 킹즐리 목사는 멀리 떨어진 학교에서 생활하던 아들 그렌빌이 도박에 빠지지 않도록 부탁하는 간곡한 편지를 보냈다.

일전에 네 이야기를 듣고 난 후 한 가지 걱정이 생겼구나. 한꺼번에 돈을 잃지 않으려고 여러 군데 분산해서 경마 복권을 구입했다는 얘기 말이다.

분명히 말하지만 도박은 나쁜 것이다. 다른 말로는 표현할 수 없다. 아버지가 평생 가장 싫어하고 가장 멀리하려고 노력한 것이 바로 도박이다. 도박은 인간의 열정적인 마음속에서 자란다. 돈을 따든 잃든 상관없이 그 뿌리는 점점 더 깊숙이 파고든다. 아무리 교양 있는 사람이라도 일단 마음을 빼앗기면

야만적인 본성을 있는 대로 드러내게 하는 것이 도박이다. 역사적으로 볼 때, 도박은 인간의 탈을 쓴 비열한 짐승의 무리가 즐겼던 놀이에 불과하다. 도덕적으로 가장 비신사적이고 야만적이라 할 수 있다.

도박을 멀리해야 하는 이유는 다음과 같다.

첫째, 도박은 비열하고 부당한 방법으로 돈을 번다. 아무 대가도 치르지 않은 채 네 이웃의 주머니에서 돈을 갈취할 뿐이다.

둘째, 경마를 비롯한 모든 도박은 네가 가지고 있는 뛰어난 지식을 사용하여 네 이웃을 해치게 만든다. 남들보다 많이 알고 있는 사람이라면 다른 사람을 돕는 데 그 지식을 사용하는 게 마땅한데, 도박은 그 지식을 숨기고 다른 사람의 무지를 이용해 이익을 보게 만든다. 이러니 갖가지 기만, 회피, 속임수가 그 속에 포함되어 있다고 할 수밖에 없다. 분명히 말하건대 도박은 악에 뿌리를 두고 있다.

이 생각은 지난 20년 동안 변함이 없었고, 너 역시 앞으로 이 말을 명심하면서 살기 바란다. 아버지 친구들 가운데도 한때 돈이 떨어져 변통해 볼 생각으로 도박에 손을 댔다가 패가망신한 사람들이 있다. 그러고 보면 신은 성실하고 정직한 사람에게 자비를 베푸는 것 같다. 왜냐하면 성실하고 정직하게 살기가 그만큼 어렵기 때문이다.

물론, 지금 나는 네게 화를 내는 게 아니다. 하지만 개중에는 정도에 따라 도박이 정당화될 수 있다고 생각하는 사람도 있다. 그렇게 형식만 놓고 따진다면 우리가 말하는 모든 죄악 역시 마찬가지다. 그래서 정도를 넘어서자마자 곧장 악의 수렁 속으로 깊숙이 빠져든다는 사실을 명심하기 바란다.

(돈을 소중하게 써라)

어니스트 헤밍웨이 (Ernest Hemingway)

어니스트 헤밍웨이가 작가로서 최정상을 누리던 1940년 여름, 그는 캘리포니아의 썬 벨리에 위치한 유니온 퍼시픽 철도 회사 소유의 저택에서 《누구를 위하여 종은 울리나》를 마무리하며 세 아이와 함께 지내고 있었다. 다음은 헤밍웨이의 아들 그레고리가 쓴 《아버지에 대한 개인 회고록(Papa, a Personal Memoir)》의 일부이다.

아버지가 어머니와 이혼하신 후 처음으로 함께 지낸 여름이었습니다. …… 철도 회사는 저택과 제반 경비를 무료로 제공하는 대신 아버지가 그 곳에서 작업한다는 사실을 세상에 알리고 우리 가족들이 쉬는 모습을 사진으로 찍어 가기도 했습니다.

처음 한 달 동안은 혼자 보내야 할 시간이 많았는데 어쩌다 보니 돈을 너무 많이 쓰고 말았습니다. 거의 매일 고급 레스토랑에서 최고급 요리를 주문해 먹고 남은 음식은 근처 연못의 오리에게 먹이로 주곤 했습니다. 이 일 때문에 아버지가 나를 서재로 부르셨습니다. 그 때 나는 얼마나 겁에 질렸던지…….

아버지는 언제나 부드러우셨지만 그래도 당신은 나에게 너무나 커다란 존재였기 때문입니다.

"그레고리, 아직 너한테 돈의 가치에 대해선 가르치지 못했다. 사실 돈은 무가치하다고 할 수도 있지만 돈이 있으면 많은 것을 즐길 수 있다. 여기서 이것저것 주문하는 것도 사실은 네 용돈에서 1~2 달러 쓰는 것과 똑같다. 이렇게 많은 걸 마음대로 살 만한 기회도 없을 테니 마음껏 즐기는 것도 괜찮을 거다.

그리고 나는 네가 지금 이런 생활을 한다고 해서 버릇이 없어지고 돈의 귀중함도 모르게 될 거라고 생각하지 않는다. 좀더 나이가 들고 계산에 대한 능력도 길러지면 돈 벌기가 얼마나 힘든지 깨닫게 될 것이고, 그 때가 되면 좀더 현명하게 처신하리라 생각한다."

아버지는 이렇게 말씀하시고서는 본론으로 들어가셨습니다.

"이 저택을 관리하는 앤더슨 씨가 너 때문에 조금 화가 나 있더구나. 참 좋으신 분인 거 알지? 그런데 그분 말씀이 네가 한 달 만에 신기록을 세웠다는구나. 그 유명한 아가 칸(Aga Khan) 씨 아들이 여기서 지낼 때도 한 달에 200달러밖에 쓰지 않았다는데 말이다."

아버진 이렇게 말하고 소리내어 웃으셨다. 그리고 잠시 후 다시 심각한 목소리로 덧붙였다.

"네가 계속 이렇게 생활하면 여기 오래 머무를 수가 없다. 내 체면도 생각해 줘야지."

"뭐, 앤더슨 씨가 우리더러 지금 떠나라고 한 건 아니고 이 문제에 대해서 너와 얘기를 해 보라고 했을 뿐이다. 돈을 함부로 쓰지 말거라. 스킷트 사격이나 스케이트 교습도 줄이고. 이제 조금 지나면 공작과 오리 사냥이 시작될 텐데 사냥을 나가게 되면 너도 데리고 가마. 그럼 적어도 스킷트 사격에 대한 보충은 될 거다. 살아있는 새가 훨씬 더 재밌거든.

'그리고 먹고 싶은 게 있으면 시켜 먹어도 되지만 온실에서 기른 뿔닭이나 막대기에 올려놓고 불 붙여가며 먹는 고기처럼 비싼 음식은 안 된다. 수영이나 볼링은 물론 괜찮다. 낚시나 승마도 원한다면 계속해도 된다. 내가 부탁하고 싶은 건 한 가지에 지나치게 몰두하지 말라는 것이다. 너 때문에 여기서 쫓겨나 사람들 입에 오르내리면 그만큼 부끄러운 일이 어디 있겠니?"

나는 고개를 떨구었습니다. 그리고 오리들을 생각했습니다. 오리 먹이는 누가 줄까?

어쨌든 난 자제했습니다. 그 다음 달에는 비용을 300달러 이하로 낮췄습니다. 물론 아버지가 만족할 정도는 아니었지만, 그래도 아버지는 조금이라도 나아졌다는 사실을 높이 평가해 주셨습니다. 그래서 난 오리 친구들과 헤어지지도 않고 가문에 불명예를 끼치지도 않았습니다.

조지 루카스 1세와 아들 조지 2세
(George Lucas Sr. and his son George Jr.)

조지 루카스 2세는 〈스타 워즈(Star Wars)〉로 역사상 최대의 성공을 거둔 영화 감독이다. 그 외에 극장가에서 대흥행을 기록한 작품으로는 〈미국 낙서(American Graffiti)〉, 〈제국의 역습(The Empire Strikes Back)〉, 〈잃어버린 성궤를 찾아서(Raiders of the Lost Ark)〉 등이 있다. 그는 캘리포니아에서 어린 시절을 보냈으며, 그 때부터 동화나 만화책, 특히 모험을 다룬 텔레비전 프로그램을 좋아했다.

그의 아버지 조지 루카스 1세는 캘리포니아의 조용한 마을 모데스토(Modesto)에서 그런대로 성공한 상인이었다. 독실한 감리교 신자였던 그는 엄격한 규율과 노동의 가치를 중요시했다. 아이들이 네 살이 되면서부터 용돈을 주기 시작했는데, 일주일에 4센트로 시작해 해마다 조금씩 액수를 늘려갔다. 그리고 일을 할 수 있는 나이가 되자 용돈을 받는 대가로 허드렛일을 하도록 했다. 조지 1세와 그의 아내 도로시는 대공황 시기에 어린 시절을 보냈기 때문에 아이들로 하여금 '돈은 하늘에서 떨어지는 게 아니다'는 사실을 명심하도록 특히 신경썼다. 심지어 조지 1세는 '모든 세대가 한 번씩 공황을 겪어야 한다'고 말하기도 했다.

1950년 중반, 열한 살이 된 조지 2세는 매주 한 번씩 잔디를 깎아야 했다. 물론 아무 생각 없이 주어진 일은 아니었다. 일을 해야 대가를 받을 수 있다는 원리를 몸에 익히게 하려는 의도였다. 조지는 너무 어린 나머지 잔디를 깎는 일이 상당히 벅찼지만 그 일을 싫어한 건 아니었다.

"잔디가 너무 거칠었기 때문에 특히 힘들었어요. 그땐 정말 어린아이였으니까요."

그래서 조지 2세는 엄격한 아버지에게 칭찬받을 생각으로 재치 있는 방법을 생각해 냈다. 네 달 동안 용돈을 저축해 35달러를 모으고, 나중에 용돈에서 제하기로 하고 어머니한테 25달러를 빌려 60달러짜리 잔디 깎는 기계를 샀던 것이다.

이 사실을 안 조지 1세는 불같이 화를 냈지만 아들이 보여준 기지와 대담성에 감명 받은 것은 사실이었다. 그는 자신의 아들에게, 도저히 가능성이 보이지 않는 상황에서도 성공하는 지혜를 짜내도록 가르친 것이다.

워렌 버핏 (Warren Buffet)

미국의 유수 잡지 〈포브스(Forbes)〉의 조사에 따르면, 워렌 버핏은 세계에서
두 번째 가는 부자이다. 첫 번째는 그의 친구이자 마이크로소프트사의 창업
자인 빌 게이츠다. '오마하의 현인'이라는 별명답게 버핏은 무일푼으로 시
작해서 실제로 단 한 푼도 투자하지 않고 단지 투자할 주식과 회사만 선정
하는 방법을 통해 순자산이 100억 달러를 상회하는 20세기 최대의 부를 축
적했다. 그리고 앞으로 얼마를 더 벌지는 아무도 모르는 일이다.

영리할 뿐 아니라 때때로 엉뚱하기조차 한 버핏은 돈 문제에
관해서만은 이중적인 태도를 보인다는 평을 들어왔다. 그에게
돈이란 하찮은 존재인 동시에 가장 중요한 존재이기도 하기 때
문이다. 그는 언제나 절제된 생활을 추구했다. 세 아이 역시 사
립이 아닌 일반 공립 학교를 보냈으며, 대가에 관계없이 좋아
하는 일을 하라고 아이들에게도 항상 강조했다. 사실, 둘째 아
들 피터는 신문에서 아버지에 대한 기사를 보기 전까지 아버지
가 얼마나 부자인지도 몰랐다고 한다.

학창시절을 평범하게 보낸 딸 수지는 이렇게 말한다.

"우린 그냥 다른 사람들과 똑같이 살았어요. 한 가지 다른
게 있다면 옷 문제였는데 옷은 원하는 걸 사도 별로 문제가 되
지 않았거든요. 차도 없었고 열여섯 살 때부터 시간제 아르바
이트도 해야 했어요."

버핏의 아이들은 거부인 아버지에게 돈이 자기 수양에 얼마
나 중요한 동기가 될 수 있는지를 배웠다. 한번은 버핏이 다이
어트 계획을 세우고, 딸 수지에게 10,000달러짜리 어음을 주면

서 일정 시기가 되어도 자신이 살을 빼지 못하면 현금으로 바꾸어 주겠다고 했다. 어린 수지가 그 말에 너무 놀라 어쩔 줄을 몰라하고 있을 때, 그는 한 가지 예외 조항을 덧붙였다. '자신의 몸무게가 줄어들면 어음은 무효가 된다' 는 것이었다.

수지는 아버지에게 아이스크림도 사다 주고 맥도날드로 끌고 가는 등 갖가지 노력을 다했지만 아무 소용이 없었다. 버핏에게 아이스크림은 10,000달러만한 가치가 없었던 것이다.

(자신만의 규칙을 만들어라)

모세 젤리그 하코헨(Moshe Zelig Hakohen)

모세 젤리그 하코헨은 19세기 전반 라트비아의 유명한 랍비였다. 유대인들
은 의례, 예의 범절, 가족 문제를 비롯한 다양한 문제가 생길 때마다 그를
찾아 조언을 구하곤 했다. 1849년 1월 그는 '윤리에 관한 유언'을 작성하고
유대교의 오랜 전통을 지켜나갈 것을 당부했다. 이 유언에는 그가 자식과
손자들에게 전하는 '올바로 살아가는 방법 예순다섯 가지'에 대한 구체적
인 지침이 포함되어 있다. 다음은 그 일부이다.

1. 아침에 일어나 예배로 자신을 정화시켜라.
2. 몸을 청결하게 하라.
3. 전심 전력을 다해 기도하라.
4. 스스로를 다스려라.
5. 인내심을 길러라. 고통 주는 사람이 아니라 고통받는 사
   람이 되어라. 고통을 받더라도 결코 똑같은 방법으로 대
   응하지 마라. 설사 고통을 주는 상대가 가족이라도 마찬
   가지다.
6. 조금 모자란다는 느낌이 들도록 식사량을 조절해라.
7. 맹세를 비롯한 의심스러운 모든 말을 피하라.

8. 기만에 주의하라.

9. 교활한 거래는 물론 법과 정직함에 어긋나는 모든 일을 피하라.

10. 성격이나 행동에 고칠 점이 있다면 하나하나 기록해 두어라.

11. 거만한 자세로 걷지 마라.

12. 놀랍고 감동적인 일이 있으면 모두 기록해 두어라.

13. 성공적으로 마치기 어려운 듯한 거래는 피하라.

14. 분노와 자만심을 최대한 멀리하라.

15. 하느님의 존재와 하느님이 모든 것을 보살펴주심을 잊지 마라. 과거는 이미 지나간 일이고 중요한 건 앞으로 다가올 일이란 사실을 명심하라.

토마스 왓슨 1세(Thomas Watson, Sr.)

42년 동안 IBM 주식회사를 이끌어 온 토마스 왓슨 1세는 미국 최고의 권력과 부를 누렸다. 그는 네 명의 자녀에게 언제나 다정다감한 아버지였고, 사업도 큰아들 토마스 2세에게 물려주었다.

1920년대 뉴저지의 쇼트 힐에서 어린 시절을 보낸 토마스 2세는 학습이나 언행에 문제가 많았다. 공공 시설 파괴로 체포된 적도 있어서 세인들에게 '끔찍한 토마스 왓슨'으로 불리기도 했다. 사춘기를 지나면서 품행이 상당히 개선되기는 했지만 브라운 대학에서의 생활은 역시 어려움이 많았다. 좌절한 그는 급기야 학업을 중도에 포기하려 했다. 이렇게 아들이 힘들어 하는 모습을 본 왓슨은 자주 편지를 보냈는데, 1936년 12월에 보낸 편지에는 흥미로운 내용이 담겨 있었다.

인생은 네가 생각하는 것만큼 복잡하지 않다는 사실을, 단지 복잡하다고 생각할 뿐이라는 것을 명심해라. 좀더 크면 성공과 행복은 단 몇 가지에 달려 있다는 사실을 깨닫게 될 거다. 다음은 앞으로 네가 갖추어야 할 자산과 경계해야 할 태도이다.

자산
통찰력
이타심
사랑
훌륭한 인격
올바른 예의범절
진정한 우정
성취에 대한 자부심

경계해야 할 태도

부정적인 생각

돈에 대한 욕심

불건전한 교제

게으른 성격

다른 사람을 사랑할 줄 모르는 마음

나쁜 친구

토마스 2세는 무사히 브라운 대학을 졸업하고 아버지의 뒤를 이어 IBM의 사장이 되었다. 후일 그는 이렇게 말했다.

"그땐 정말 그런 훈계 따윈 듣고 싶지 않았는데, 지금은 아버지의 깊은 뜻을 알 수 있을 것 같습니다."

F. 스콧 핏제랄드(F. Scott Fitzgerald)

미국의 저명한 소설가 F. 스콧 핏제랄드의 아내 젤다는 몇 년 동안 자살 충동을 동반한 우울증 때문에 자주 병원에 입원했다. 이런 이유로 핏제랄드는 거의 혼자서 외동딸 스카티를 돌봐야 했다. 《재즈 시대(The Jazz Age)》, 《위대한 갯츠비(The Great Gatsby)》 같은 장편 소설, 단편 소설, 영화 대본에 이르는 다양한 장르의 작품을 발표한 그는 딸에게 매우 헌신적인 아버지였다. 그는 스카티에게 수수께끼, 시, 게임을 가르쳐 주며 함께 시간을 보냈다. 특히 자신이 좋아하는 책을 자연스럽게 읽게 만들어 독서 습관을 길러 주었다. 물론 스카티가 책에 지나치게 파묻히지 않도록 함께 테니스나 크로켓을 즐겼으며, 심지어 권투도 가르쳤다고 한다.

1933년 여름 캠프를 떠난 열한 살의 스카티는 아버지의 따뜻한 사랑과 지혜가 담긴 편지를 받았다. 장난스러워 보이지만 한편으로 많은 생각을 하게 만드는 그 내용은 스카티 뿐 아니라 오늘날의 청소년에게도 소중한 교훈으로 남아 있다.

걱정해야 할 일
용기에 대한 걱정
청결에 대한 걱정
효율성에 대한 걱정
승마에 대한 걱정

걱정하지 말아야 할 일
다른 사람의 의견에 대한 걱정
인형에 대한 걱정

과거에 대한 걱정

미래에 대한 걱정

성장에 대한 걱정

너보다 앞서가는 사람에 대한 걱정

승리에 대한 걱정

네 잘못이 아닌 실패에 대한 걱정

모기에 대한 걱정

파리에 대한 걱정

벌레에 대한 걱정

부모님에 대한 걱정

남자 친구에 대한 걱정

실망에 대한 걱정

즐거움에 대한 걱정

만족에 대한 걱정

생각해야 할 일

내 목표는 무엇인가?

(인격과 덕을 쌓아라)

체스터필드 백작 (The Earl of Chesterfield)

18세기 영국의 제4대 체스터필드 백작인 필립 도머 스탠홉 백작은 당시 상당한 영향력을 행사한 정치인이었다. 그는 네덜란드에서 영국 대사로 근무할 당시 프랑스 행정장관 부인과 사랑에 빠져 필립이라는 사생아를 낳았다. 필립이 다섯 살 나던 해 체스터필드 백작은 아들과 서신 왕래를 시작했고, 신사가 되려면 갖추어야 할 다양한 조건을 기지와 솔직함이 곁들인 말로 전해 주었다. 이들 부자가 주고받은 400통 이상의 편지는 백작이 남긴 중요한 유물로 오늘날까지 남아 있다. 다음은 1747년 백작이 필립에게 보낸 편지로 조금은 냉소적인 분위기가 느껴지기도 한다.

애교가 있고 상냥한 태도, 편안한 분위기, 부드러운 행동은 사람들이 흔히 생각하는 것 이상으로 많은 이점을 가지고 있다. 영국에서는 특히 그렇다.

덕과 학식은 황금처럼 내재적인 가치를 갖고 있다. 그러나 계속해서 닦아 주지 않으면 그 빛을 잃기 마련이다. 손질하지 않은 황금은 잘 닦은 청동보다도 가치가 없다. …… 겉으로 예의바르고 멋있는 프랑스 귀족이 도대체 얼마나 많은 죄를 숨기고 사는지 생각해 보아라. 상식이 부족한 사람이 너무나 많다.

학식은 말할 것도 없다. 그런데 그런 약점을 예절이라는 보자기로 덮어씌운다. 그래서 사람들은 그들의 얕은 학식을 눈치채지 못하고 지나가는 것이다.

넌 덕이 무엇인지 알고 있을 게다. 원한다면 너도 덕을 쌓을 수 있다. 누구나 그런 능력을 가지고 있다. 덕을 이루지 못한 사람은 정말 불행한 사람이다. 하느님께서는 너에게 이성을 주셨고, 너 역시 이미 충분한 학식을 갖추었다고 믿는다. 너는 여러 가지 이유 때문에 다른 사람보다 빨리 세상 속으로 던져진 셈이 되었다. 지금 충분한 교양을 익혀서 자신의 인격을 완벽하게 가꾸어 나가야 한다. 그렇지 않으면 커다란 실수를 범하는 셈이 된다.

(어머니를 공경하라)

허먼 멜빌 (Herman Melville)

허먼 멜빌은 뉴욕 시에서 태어나 미 해군에서 복무했고, 그 후 몇 년간 선원으로 고래잡이 어선을 타기도 했지만 결국 작가의 길을 선택했다. 그의 작품 가운데에는 《타이피(Typee, 1846)》, 《오무(Omoo, 1847)》, 《적열(Redburn, 1849)》 등이 독자에게 많은 인기를 얻었는데, 정작 불후의 명작으로 평가되는 《백경(Moby Dick, or the White Whale, 1851)》은 그의 생전에는 독자와 문학 평론가로부터 제대로 평가받지 못했다.
1860년 9월 마흔한 살의 멜빌은 태평양에서 고향 뉴욕으로 돌아오는 길에 여덟 살 난 아들 말콤에게 편지를 보냈다.

아버지가 떠나기 전에 했던 말을 아직 잊지 않았기를 바란다. 엄마 말씀 잘 듣고 언제나 엄마를 도와 주는 아들이었으면 좋겠다. 이제 네가 어떤 아이인지 보여 줄 때다. 착하고 훌륭한 아들인지 아니면 쓸모 없는 아들인지 말이다.

엄마 말도 안 듣고 걱정이나 하게 만들고 또 함부로 행동하면 세상에서 제일 불쌍하고 형편없는 사람이라는 소릴 듣게 된다. 그리고 주위에 그런 아이가 있으면 가까이 하지 마라.

(욕정을 극복하라)

켄코 (Kenko)

일본이 자랑하는 위대한 시인 켄코는 14세기 일본 황궁에서 살았다. 그는 황제가 서거한 후 불교에 귀의했지만 완전히 세속에서 벗어나지 못하고 황궁 근처의 절에서 생활했다. 그 이유는 황궁에 사는 귀족들의 고귀한 취미와 예의범절이 너무 소중하게 느껴져 멀리 떠날 수 없었기 때문이라고 한다.

켄코는 작품 전반에 걸쳐 일본의 전통을 찬미했다. 인간의 불영원성을 강조하긴 했지만, 기본적으로 선조들이 물려준 전통을 숭배하고 일본인의 취향에 세련미를 가미해 세상에 널리 알렸다. 생을 마칠 무렵 켄코는 젊은이를 위해 지혜를 찾는 방법에 대한 조언이 담긴 《무위(無爲) 속의 수필(Essays in Idleness)》을 발표했다. 다음은 그 일부이다.

성적 욕구만큼 인간을 타락하게 만드는 것은 없다. 인간의 마음은 얼마나 어리석은가! 아름다움은 영원하지 않으며 화려한 옷에 배어 있는 향수 역시 잠시 맴돌 뿐이라는 걸 알면서도 세련된 향수를 맡는 순간 어쩔 수 없이 심장이 뛰고 만다. 어떤 성인(聖人)은 빨래를 하고 있는 처녀의 흰 다리를 본 후 영적 능력을 잃어버리기도 했다. 젊은 처녀의 통통한 팔, 다리, 육체가 발하는 하얀 빛이 결코 꾸며낸 것이 아님을 생각해 보면 이해할 만한 일이다. 하지만 이것을 가장 조심해야 한다.

레오 톨스토이 (Leo Tolstoy)

레오 톨스토이는 결혼 후 농장에 정착해 왕성한 작품 활동을 펼쳤다. 그 때 쓴 작품 가운데 《전쟁과 평화(War and Peace)》나 《안나 카레니나(Anna Karenina)》와 같은 대작이 있다. 중년에는 철학과 사회학에 관심을 보였지만 결국에는 다시 문학의 세계로 회귀했다.

1895년 10월 톨스토이는 열여섯 살 난 아들 미하일 르보비치에게 사랑에 관한 엄한 교훈이 담겨 있는 편지를 보냈다.

어떻게 실현할지도 모르면서 막연하게 꿈만 꾸는 것, 예를 들어, 사랑하는 사람과 결혼해 평생을 행복하게 살겠다고 생각하는 것은 백만 분의 일의 가능성도 없는 얘기다. 결혼은 완전히 성숙한 남자와 여자가 만나 사랑할 때만 합당해질 수 있다. 네 나이에 그런 생각을 한다면 그건 지금 누리고 있는 사치스럽고 한가한, 원리 원칙도 없는 생활 때문에, 그리고 다른 사람을 흉내내고 싶은 생각 때문에 생긴 방종에 지나지 않는다. 지금 당장 네게 필요한 일은 정신을 차려 자신을 직시하고 다른 사람이 사는 모습을 관찰하며 자문하는 것이다. 나는 무엇을 위해 살고 있는가? 나는 무엇을 원하는가? …… 인생의 즐거움은 그것을 생의 목표로 삼은 사람도 느낄 수 있지만 그것을 전혀 추구하지 않는 사람도 성실한 삶의 대가로 느낄 수 있는 법이다.

(예의 바르게 말하라)

제임스 마이클 커얼리 (James Michael Curley)

제임스 마이클 커얼리는 미국 정치계의 유력 인사로 대단한 영향력을 행사했다. 그는 테오도르 루스벨트 대통령에서 존 F. 케네디 대통령의 집권기까지 국회의원, 시장, 매사추세츠 주지사에 이르는 다양한 관직을 역임했다. 또한 부정 부패 혐의로 두 번이나 감옥살이를 하기도 했다. 아무런 양심의 가책 없이 뇌물을 받는가 하면 뉴딜 정책의 선두 주자로 국가를 위해 헌신했고 학교와 병원을 짓는 등 자선 사업을 벌이기도 한 그는, 한마디로 이해하기 힘든 사람이었다.

한때 '매사추세츠의 거물' 이라고 불리던 커얼리는 올바른 언어 사용에 있어서 그 누구보다 엄격한 사람이었다. 처음 보스턴 시의 시장이 되었을 때 그는 당시 레드 삭스 팀에서 활약하고 있던 베이브 루스를 집으로 초대해 가족들과 함께 저녁 식사를 한 적이 있었다. 식사 도중 베이브 루스는 편안한 분위기에 젖어 별 생각 없이 커얼리에게 '시장님, 그건 정말 뻥이네요.' 하고 말했다. 커얼리는 그 말을 듣자마자 벌컥 화를 내며 자리에서 일어나 그를 쫓아냈다.

커얼리의 아들 프랭크는 아버지에게 맞은 적이 단 한 번 있다고 한다. 그것 역시 언어 사용 때문이었다. 어릴 때 프랭크는 저택의 옆쪽 출입구에 앉아서 아버지가 퇴근하기를 기다리곤 했다. 어느 날 저녁, 평상시처럼 아버지가 차에서 내리는 걸 본 프랭크는 얼른 달려가서 반가운 목소리로 '아빠, 안녕!' 하고 말했다.

그 말을 들은 커얼리는 다짜고짜 여덟 살 난 프랭크의 얼굴을 한 대 갈겼다. 물론 힘껏 때린 것은 아니었지만 어린 프랭크는 바닥에 쓰러지고 말았다.

"난 네 아버지다. 다시는 그런 말을 사용하지 마라!"

커얼리는 이렇게 소리를 치고 넘어진 프랭크를 그대로 둔 채 서재로 들어가 버렸다.

삼십 분 후 커얼리가 다시 밖으로 나왔을 때 프랭크는 여전히 바닥에 엎드린 채 울고 있었다. 그 모습을 본 커얼리는 화를 삭이고 한결 부드러운 목소리로, 그러나 조금도 미안해 하지 않으며 아들은 아버지를 존경해야 한다고, 그러니까 장군을 장군으로 부르는 것처럼, 아버지는 아버지로 불러야 한다고 일러 주었다. 그런 후 다시 큰 소리로 말했다.

"'아빠' 따위의 말은 이 집안에서 허락할 수 없다. 알겠니?"

프랭크는 설명을 하려 애썼다. '아빠'라는 말이 나쁜 말이라고 생각하지 않았고, 단지 학교 친구들이 그렇게 쓰기에 따라 한 것뿐이라고 말했다.

이 말에 커얼리는 더 이상 말할 필요가 없다는 듯 간결하게 대답할 뿐이었다.

"그 사람들은 예의가 없는 사람들이다 그 사람들이 집에서 어떤 말을 쓰든 그건 그 사람들 문제다."

목표를 세우고 정신을 집중하라

윌리엄 랜돌프 허스트 1세(William Randolph Hearst Sr.)

1951년 세상을 떠난 윌리엄 랜돌프 허스트 1세는 반세기 이상 미국 언론계와 정치계에 지대한 영향력을 행사한 인물이다. 처음엔 야심만만한 국회의원으로 활동했고, 이후에는 샌 시미온(San Simeon)에서 태평양이 내려다보이는 언덕 위에 성을 짓고 세상과 떨어진 생활을 했지만 사업에는 여전히 적극적이었다. 그 덕분에 그가 살았던 성까지 세인들에게 유명해졌다.

최초로 미디어 제국을 창설하기도 한 허스트 1세는 엄청난 부와 특권을 누리며 살았다. 그러나 자신이 재벌 집안에서 태어난 때문인지 그의 다섯 아이들만큼은 스스로 자수 성가하기를 바랬다. 그래서 그의 아들 윌리엄 랜돌프 2세는 편지, 전화, 전보를 통해 아버지에게 많은 조언을 받았다고 한다. 한번은 이런 편지를 받기도 했다.

성공은 강한 정신력, 흔들리지 않는 확신, 단호한 결심, 마음 먹기에 달려 있다. 외부 환경에 휩쓸릴 필요는 없다. 단단히 결심하면 확실히 성공할 수 있다. 그렇지만 얼렁뚱땅 할 생각이라면 아무 것도 얻지 못한다. 성공할 수 있다는 확신과 성공해야 한다는 굳은 의지가 있을 때 비로소 성공할 수 있는 법이다. 장애물에 신경쓰기 보다는 달성해야 할 목표에 정신을 집중하도록 해라.

윌리엄 랜돌프 2세는 성공에 대한 아버지의 거침없는 말 때문에 동생들이 때때로 충격을 받았다고 한다. 윌리엄 랜돌프 1세는 인생을 투쟁으로 보았고, 따라서 자식들을 치켜세우거나 응석받이로 키우면 비참한 말로를 맞이할 뿐이라고 생각한 것이다.

1927년 스물세 살이던 큰아들 조지는 살이 찌기 시작했다. 그래서 윌리엄 랜돌프 1세는 다음과 같은 편지를 보냈다.

지금 넌 지나치게 살이 찌고 있다. 건강만큼 중요한 것은 없다. 넌 너무 많이, 너무 자주 먹는다. 그리고 술도 많이 마신다. 맥주를 비롯해 살찌는 음료를 좋아하기 때문이겠지. 그래, 바로 그게 네가 살이 찌는 이유다. 사람들이 많이 먹는 이유는 많이 먹고 싶기 때문이다. 다른 버릇과 다를 게 하나도 없다. 물론 그런 버릇을 깨기는 힘들겠지만 분명히 할 수 있는 일이다. 게다가 넌 운동도 안 하잖니. 너는 인생의 분명한 목표를 가지고 있다. 네 삶을 훌륭하게 가꾸고 싶다면 음식과 술을 자제하도록 해라.

그러나 다음 해 살이 더 찐 조지는 아버지에게 '제가 0.5 킬로그램을 뺄 때마다 어머니가 100달러를 주시겠답니다. 아버지는 무얼 주시겠어요? 분명 어머니보다 못하진 않으시겠죠?'라는 농담조의 전보를 쳤다.

이 전보를 받은 허스트 1세는 전혀 웃지 않았다. 그리곤 전보를 받자마자 아들에게 답장을 보냈다.

　네가 건강과 외모를 포기하면서까지 살을 빼지 않는데 겨우 몇 백 달러 때문에 살을 뺄 리가 없다. 설사 살을 조금 뺐다 하더라도 금방 예전 상태로 돌아갈 테니, 네 엄마는 쓸데없이 돈만 낭비하는 셈이다. 살을 빼는 유일한 방법은 적게 먹고 열심히 운동하는 길뿐이다. 내가 좀더 많은 돈을 벌 수 있는 기회를 주마. 현재의 몸무게를 유지한다면 샌프란시스코 익재미너(San Francisco Examiner)사의 순이익 5퍼센트를 주마. …… 재산을 제대로 관리하려면 참으로 현명해야 한다. 그리고 현명한 사람은 낭비벽 심한 사람이 돈을 쓰면서 느끼는 즐거움을 저축에서 느끼는 법이다.

더불어 사는 삶에 대한 아버지의 지혜

(정직은 아름답다)

샤무엘 코울리지 (Samuel Coleridge)

19세기 영국의 낭만주의 운동을 이끈 철학가이자 시인인 코울리지는 〈늙은 선원(The Ancient Mariner)〉과 〈쿠블라 칸(Kubla Khan)〉과 같은 불후의 명작을 남겼다. 그는 인생에 대한 신비주의적 견해를 주창했지만, 1807년 열네 살 난 아들 하아틀리에게 쓴 다음 편지에는 행복한 상상이 아니라 그야말로 현실적인 충고가 담겨 있다.

지금 너는 나와 함께 삼촌을 만나러 드봉샤이어로 가는 길이다. 삼촌은 정말 친절하고 훌륭하신 분이다. 그렇지만 옳고 그른 일에 있어서만은 누구보다 엄격하시기 때문에 네가 옳지 못한 행동을 보이면 상당히 충격받으실 게 틀림없다. 그래서 너에게 이렇게 편지를 건네. 네가 가지고 있는 좋지 않은 버릇을 조심하도록 일러두는 거다. 아버지가 이런 글을 써서 너에게 건네는 건 너에게 화가 나서 그런 게 아니라 너를 사랑하기 때문이라는 걸 명심하기 바란다.

우선, 아버지가 보지 않는다 해서 예의에 어긋나는 행동을 해서는 안 된다. 하늘에 계신 아버지는 이 땅에 있는 아버지와 달리 전지전능한 존재로서 언제나 너와 함께 있다는 걸 잊지 않도록 해라.

그리고 혹시 잘못을 저지르면 남자답게 인정해라. 변명으로 빠져나갈 구멍을 마련할 수도 있겠지만 그러면 너의 정직한 마음까지 의심받게 될 것이다. 한 번의 정직이 백 번의 기지보다 낫다는 사실을 명심해라. 사람들은 영리한 사람을 존경한다. 그러나 가슴속으로 진정 사랑하고 존중하는 사람은 선한 사람이다. 편협하지 않은 마음, 진솔한 태도, 진실—물론, 완전한 진실이어야 한다—을 잃지 않으려는 자세야말로 모든 선의 초석이며 인간 사상의 핵심이다. 마지막으로, 할 일이 있으면 미루지 말고 즉시 해라. 게으름과 자기 기만은 경계해야 한다.

네가 조금만 노력하면 모든 사람이 기뻐하게 되고, 후일 그들이, 물론 합당한 한도 내에서겠지만, 감사하는 마음으로 너에게 보답을 할 것이다. 무엇보다 마음을 편히 갖도록 해라. 그것만한 축복도 없단다.

알도스 헉슬리 (Aldous Huxley)

영국 출신의 작가 알도스 헉슬리는 1930년대 후반 미국으로 이민 온 후 헐리우드 최고의 극작가로 부상했다. 가장 널리 알려진 작품으로는 〈멋진 신세계(Brave New World)〉가 있다. 인습타파의 경향이 강한 그는 신비주의 및 심리학에도 관심이 많아 각 분야의 흥미로운 주제에 관한 책을 여러 권 저술했다.

1943년 당시 남부 캘리포니아에 살고 있던 20대 초반의 아들 매튜는 사회에 잘 적응하지 못해 힘든 생활을 하고 있었다. 그 해 9월 이미 세계적 명성을 쌓은 헉슬리는 매튜에게 아주 솔직한 충고를 했다.

너는 다른 사람의 결점에 지나칠 정도로 비판적이다. 자기 방종에 빠져 경솔한 태도로 비판하는 모습이 어떨 땐 도가 지나쳐 참을 수 없을 때도 있다. 그런데 막상 네 자신의 결점에 대해서는 아무런 비판 없이 넓은 아량을 보인다. 네 결점 역시 다른 사람의 결점과 하나도 다를 게 없는데 말이다. 무슨 일이든 돼 가는 대로 내버려 두고, 꼭 기억해야 할 것은 잊어버리고, 단지 하고 싶지 않다는 이유로 해야 할 일에 신경쓰지 않고, 흥밋거리 잡지 따위의 일시적인 재미에 빠져 현재 해야 할 의무나 미래에 대한 합리적인 사고를 등한시하고……. 이상이 네가 너 자신에게 지나칠 정도로 관대한 점들이다.

이런 말을 하는 이유는, 네가 다른 사람과 함께라면 꿈도 꾸지 못할 일을 집에서 스스럼없이 하기 때문이기도 하다. 물론 그런 행동이 너에게만 국한된 것은 아니다. 젊은이들 가운데에는 가족을 경솔하게 대하는 사람이 많다. 그러나 가장 가까운 사람에게 낯선 사람을 대할 때처럼 사려깊게 행동하고 작은 친절을 베풀 수 있는 자세가 바로 어른이 되었다는 증거다.

하루하루 규칙적인 계획을 엄격하게 세우면 그런 태도를 익히기가 좀더 수월할 것이다.

(겸손은 최고의 덕이다)

나마니데스 (Nahmanides)

1195년경 스페인 제로나에서 태어난 나마니데스는 유태 역사상 가장 위대한 랍비였다. 박식하고 신비주의적이었던 그는 메마른 지성을 강조하는 대신 뜨거운 열정으로 유태교를 전파했다. 그는 일흔 살이 되자 예루살렘으로 가서 마지막 숙원 사업인 성경 주해 작업을 마쳤다. 또한 사멸해 가고 있는 중세 유태 공동사회의 부활이라는 역사적인 임무를 시작하기도 했다.

당시 예루살렘에 살고 있던 나마니데스는 스페인의 가족들에게 자주 편지를 썼다. 1270년경 그는 성인이 된 아들 나만에게 겸손에 대한 감동어린 편지를 보냈다.

애야, 아비의 말을 새겨듣고 어머니 뜻을 거역하지 않도록 해라. 언제 어디서든 공손함으로 사람을 대해라. 그러면 인간의 사악한 본성인 분노를 멀리할 수 있을 것이다.

분노를 멀리하면 겸손을 알게 되고 충실한 태도로 사람들을 대하게 된단다. '겸손을 익히면 하느님에 대한 경외심을 얻을 수 있다' 는 경구에서 알 수 있듯이 겸손은 최고의 덕이다. 지도자 모세도 겸손하셨기에 더욱 칭송을 받으셨다. 그분이 율법을 직접 전수하시고 모든 예언자의 지도자로 불린 까닭은 바로 겸손을 쌓으신 때문이다. 또, '나는 고귀하고 성스러운 곳에 산다. 하느님과 함께하는 삶은 회개와 겸손이 있는 곳이다' 는 경구 역시 겸손한 사람은 하느님의 사랑을 받는 사람임을 말하고 있다.

이제 겸손의 덕을 지키기 위해 어떻게 행동해야 하는지 일러 주겠다.

말을 할 때는 언제나 상대방을 존중하고 아끼는 마음으로 예의를 다해 점잖게 말해라. 표정은 즐겁게, 머리는 숙이도록 해라. 시선은 아래로 향하되 마음만은 위를 향해야 한다. 사람을 부를 때도 뚫어지게 쳐다보거나 거만하게 굴어서는 안 된다. 상대방이 부유하다면 그의 부를 존경해라. 우리의 성스러운 지도자들도 부유한 사람을 존경한 사실을 잊진 않았겠지? 만약 그는 가난하고 넌 부자라면 그에게 자비와 동정을 베풀고 그 마음으로 하느님을 존경해라. 또 네가 그보다 현명하다면 너는 죄를 지은 사람이고 그는 순결한 사람이라고 생각해라.

알버트 아인슈타인 (Albert Einstein)

알버트 아인슈타인은 말년에 입양한 두 딸 일세와 마고트와 아주 가깝게 지냈다. 젊었을 때와 달리, 그는 다른 아이들에게도 많은 관심을 보였으며 아이들의 과학 교육에 더 많은 시간을 투자하지 못한 걸 후회하기도 했다. 아인슈타인은 아이들의 자유 분방하고 솔직한 사고를 특히 좋아했다. 그래서 '아이들의 순수함과 신선함 속에는 언제나 나를 사로잡고 동시에 커다란 즐거움을 선사하는 그 무엇이 있다'고 말한 적도 있었다.

한번은 공식 모임에 참석했는데, 옆자리에 소년이 앉게 되었다. 그가 세계적으로 유명한 물리학자라는 사실을 전혀 모르는 소년과 즐겁게 이야기를 나누던 아인슈타인은 직업이 뭐냐는 질문을 받았다.

그러자 아인슈타인은 늘 그러듯이 겸손하게 대답했다.

"난 물리학을 공부한단다."

"아니, 할아버지 나이에요? 전 2년 전에 벌써 끝냈는걸요."

소년은 도무지 믿기지 않는다는 표정으로 말했다.

아인슈타인은 훗날 이 이야기를 하면서 아이들의 순진하고 솔직한 모습에 감탄하지 않을 수가 없다고 했다.

(근검 절약이 인격을 대변한다)

벤 트릴린과 아들 캘빈(Ben Trillin and his son Calvin)

현대 문학 작가인 캘빈 트릴린은 시와 수필 분야에서 많은 작품을 발표했을 뿐 아니라 텔레비전 해설가로도 활약했다. 특히 정치 문제를 다룰 때 발휘하는 냉소적인 기지는 높은 평가를 받았고 뉴요커(New Yorker)지의 정기 기고가로 널리 알려져 있다.

트릴린은 식료품 가게로 2대째 힘들게 생계를 이어온 가정에서 태어났는데 최근 《아버지가 들려주신 이야기(Messages From My Father)》라는 책을 발표했다. 이 책에서 그는 캔사스 시에서 보낸 어린 시절, 아버지 벤 트릴린이 보여 준 근면하고 겸손하며 도덕적인 삶을 이야기했다.

어렸을 때 나는 근검 절약이 단지 생활 자세에 대한 문제가 아니라 인격을 대변한다고 배웠다. …… 어떤 면에선 전형적인 중서부 미국인을 대변한 아버지는 언제나 겸손함을 중요하게 생각하셨다. 그 생각은 감사나 찬미의 말을 들었을 때 '별 거 아닙니다'로 대답하는 중서부 출신의 특징을 대변한다고 할 수 있다. '아버지' 하면 가장 먼저 떠오르는 'mensch'(고결한 사람, 훌륭한 사람)라는 말에도 과장이나 현란함은 느껴지지 않았다.

'mensch'는 사람을 뜻하는 독일어이지만, 유태계 사회에서는 사람다운 사람 즉, 어떤 상황에서나 올바르게 처신하고 친구를 위해서 위험을 무릅쓸 줄 알며, 세들어 살던 아파트에서 다른 곳으로 이사갈 때면 처음보다 더 깨끗하게 청소해 놓는 그런 사람을 뜻한다.

아버지는 언제나 내가 '고결한 사람'이 되기를 원하셨다. '너는 고결한 사람이 되어야 해.' 또는 '너는 고결한 사람이 되어 우리 가족의 명예를 지켜야 한다'고 강한 어투로 명령하시지 않고 나에게 선택의 여지를 주는 것처럼 '고결한 사람이 되는 게 좋단다.' 정도로 말씀하셨다. 그러나 그 뜻만큼은 언제나 내 마음속 깊이 새겨 있었다.

(올바르게 행동하는 것이 중요하다)

니콜라스 어프와 아들 아트
(Nicholas Earp and his son Wyatt)

1848년 미국 서부의 일리노이 주에서 태어난 아트 어프는 명사수 보안관으로 명성이 자자했다. 그는 인디언과의 싸움에서 변경 지역 전방 초소 역할을 했던 캔사스 주의 위치타와 다즈 시, 아리조나 주의 툼스톤 같은 도시에서 법과 질서를 회복해 세인들에게 영웅으로 불린, 서부 개척 시대를 대표하는 인물이었다. 그의 전설적인 삶은 지금까지 많은 사람들에게 회자되고 있다. 그러나 당시는 그의 얼굴을 알아보는 사람이 별로 없던 시절이라 로스앤젤레스에서 평화로운 은퇴 생활을 했고, 1929년 여든의 나이로 조용히 생을 마감했다.

자식이 없던 어프는 아버지 니콜라스 어프에 대한 향기로운 추억을 간직하고 살았다. 그의 아버지는 변경 지역에 정착한 농부로서 사람들에게 존경받는 인물이었다. 어프는 세상을 뜨기 얼마 전 전기 작가에게 그 이야기를 들려주었다. 다음은 그 일부다.

농부이신 아버지는 땅을 가장 소중하게 여기셨다. 그러나 법을 존중하고 무질서를 혐오하는 마음 역시 대단하셨다. 당시 서부에는 무질서가 팽배했기 때문이다. '법은 비록 완벽한 정의를 실현하지 못하지만, 국가를 건설하려는 훌륭한 시민의 의지를 대변하고 있다. 인간의 권한을 존중하는 더 훌륭한 방법이 나오기 전에는 법을 지키는 것이야말로 자신의 권한을 보호 받으려는 모든 사람의 의무다'라고 늘 말씀하셨다.

니콜라스 어프는 교육의 중요성을 확신하고 있었다. 그래서 야트 형제들은 학교에서 배운 것 외에도 집에서 더 수준 높은 공부를 해야 했다. 야트가 열여섯 살 때 변경 지역 수비에 나서기로 결정할 때까지 가족들은 그가 변호사이셨던 할아버지의 뒤를 이을 것으로 생각하고 특별히 그의 교육에 신경 썼다고 한다.

아버지는 올바르게 행동하는 것이 가장 중요하다고 가르치셨고 이것은 우리 가족의 신조로 모든 생활의 바탕이 되어야 했다. 그러나 종교 문제만은 각자의 자유 의사에 맡기셨다. 한번은 '종교는 모든 사람이 스스로 결정해야 할 문제다'고 말씀하신 적이 있다.

우울한 기분에서 삶을 배운다

윌리엄 제임스 (William James)

윌리엄 제임스는 미국 심리학의 창시자이며 철학계에서도 최고의 권위자였다. 하버드 대학에서 교편을 잡고 있던 그는 물의를 일으키는 글을 자주 발표했는데, 그가 주로 다룬 주제는 종교 체험, 신비주의, 과학적으로 정의할 수 없는 현상들과 같은 당시로서는 상당히 획기적인 내용이었다. 그의 가문은 비범한 지성으로 명성을 떨치기는 했지만 몇 세대를 걸쳐 계속되는 우울증으로 고통받고 있었다.

1900년 5월 제임스는 열세 살 난 딸 마가렛에게 위로의 편지를 보냈다. 팩이라는 애칭으로 불리던 마가렛은 유명한 삼촌 헨리 제임스가 살고 있던 런던 근처의 기숙 학교에서 힘든 학창 시절을 보내고 있었다.

이제 너도 내면의 세계를 키워나가고, 세상이 아름답고 편하기만 한 곳이 아니라는 사실을 깨달을 나이가 됐구나. 이 세상을 살다 보면 때로는 거대한 슬픔이 몰려오기도 할 게다. 그러면 또 며칠 동안 힘겨워하며 지내기 마련이지. 스스로에 대해 실망도 하고, 다른 사람에게 짜증도 내고, 상황 자체에 화가 나고, 심지어 무감각하게 변할 때도 있단다. 이 모두가 한꺼번에 몰려오면 우울증에 빠지게 되지.

그래, 물론 고통스러운 경험이지만 이것은 새로운 내용을 깨닫는 기회가 될 수도 있다. 우울한 기분은 시간이 흐르면 바뀌기 마련이고, 넌 거기서 삶을 배우게 된다. 모든 것이 마찬가지다. 힘든 일이 생겨도 적절하게 대응하면 오히려 훌륭한 교훈을 깨닫게 되는 법이란다.

하지만 이상하게도 많은 사람이 우울한 기분에 빠져 오히려 그걸 즐기며 사는 것 같구나. 감상적인 사람들 일부는 우울함을 섬세하고 예민한 감정의 표현인 것으로 생각해 자랑스러워하기도 한단다. 사치스러운 마음에 일부러 근심거리를 만들어 습관처럼 즐기는 것이지. 이런 자세야말로 우울함에 대처하는 최악의 방법이다.

만약 우리에게 조금이라도 그런 모습이 있다면 스스로를 변화시켜야 한다. 밖으로 나가 사람들과 어울려 즐겁게 얘기하고 목표를 정해 땀흘리며 일해야 한다. 그럴 때 비로소 소중한 인격체로 거듭날 수 있단다.

(생일은 새로운 시작이다)

브론슨 올콧 (Bronson Alcott)

브론슨 올콧은 19세기 중반 뉴 잉글랜드 출신의 철학자이자 사회 혁명가이다. 그는 랄프 왈도 에머슨, 마가렛 퓰러, 헨리 데이빗 소로우와 같은 저명 인사들과 친분을 가졌으며, 《작은 아씨들(Little Women)》의 저자 루이자 메이 올콧의 아버지로도 유명하다. 만년에는 보스턴에 템플 스쿨(Temple School)을 세워 영적 계발에 헌신했고, 이상향을 꿈꾸며 공동체 마을을 조직하기도 했다.

올콧은 아버지의 역할을 성스러운 임무로 받아들였다. 1831년 큰딸 안나가 태어났을 때 그는 일기에 이렇게 썼다.

"'우리에게 아이가 주어졌다.' …… 거룩하신 하느님의 아들로서 이 아이를 진실과 의무와 행복의 길로 인도할 수 있게 해 주십시오. 하느님의 축복을 이 아이에게 내려 주십시오. 순수와 아름다움과 선으로 가득 찬 정신, 따뜻하고 부드러운 애정이 담긴 마음을 갖도록 해 주십시오."

1839년 마흔이 되었을 때 올콧은 안나의 여덟 살 생일을 맞아 축하 편지를 보냈다.

오늘은 네 생일이다. 네가 엄마 아빠와 같이 산 게 벌써 8년이 되었고, 사랑하는 동생 루이자와는 6년, 귀여운 꼬마 동생 엘리자베스와는 4년을 살았다. 네가 얼마나 아버지를 사랑하는지 잘 알고 있다. …… 아버지는 네가 친절하고, 따뜻하고, 착하고, 봄날 피어나는 꽃처럼 향기롭고, 아침 꽃잎에 반짝이는 이슬처럼 아름다운 사람이 되기를 바란다.

어떻게 아름답고 착한 사람이 될 수 있는지 알고 싶니? 그건 아주 쉽단다. 모든 의지를 모아 가슴속의 말 없는 선생님이 하는 얘기를 귀 기울여 들으면 되는 거란다. 그래, 그렇게 하면 되는 거야.

생일은 다시 시작하기에 좋은 시간이다. 오래 입던 옷이 바래면 버리듯이 예전에 가지고 있던 버릇은 버리려무나. 다시는 그 옷을 입지 마라. 안나야, 오늘부터 시작해라. 그러면 다음 생일 때 오늘 내린 결정에 감사하게 될 거다. 결심이란 모든 것을 새롭게 만드는 것이란다.

네가 태어난 지 다섯 주 만에 우릴 보며 환하게 웃던 생각이 난다. 지금도 가끔 네 얼굴에서 그 때의 표정과 미소를 볼 때면 내 딸이 여전히 착하고 순수하다고 느낀단다. 그것만은 꼭 간직하길 바란다.

소박한 생활이 기쁨을 준다

주방언 (周邦彦)

주방언은 8세기 후반과 9세기 초반 중국의 유명한 시인이다. 교육자이자 하급 관리였던 그는 허례 허식을 거부하고 예술이 도덕적 가치를 전수할 수 있는 유일한 수단이라고 믿었다. 그의 솔직담백한 문체는 당시 많은 사람들에게 인기를 얻었다. 세인들은 그가 늙은 농부의 아낙에게 자작시를 읽어 주고, 그녀가 이해하지 못하는 표현이 나오면 즉시 다른 표현으로 고치곤 했다고 전한다.

835년, 예순세 살의 주방언은 〈조카들에게 보내는 광시(狂詩)〉에서 진정 만족스러운 생활이 무엇인지 일깨워 주고 있다.

세상은 글을 모르는 자를 비웃지만

나는 글을 익혔으니 얼마나 행복한가.

세상은 관직에 오르지 못한 자를 기만하지만

나는 높은 관직으로 복을 받았네.

늙은이는 잦은 병치레로 고통 받지만

지금까지 나는 고통을 모르고 사네.

모두가 얽힌 인연 때문에 힘겨워하지만

결혼도 나를 괴롭히지 못했네.

내 마음의 평화를 방해할 일 없어라.
내 튼튼한 사지를 손상할 일도 없어
이제 이렇게 십 년 세월
내 영혼과 몸은 외진 곳에서 쉰다네.
이제 얼마 남지 않은 시간
나는 아주 조금만 있어도 산다네.
겨울을 나는 데 필요한 한 장의 이불
하루를 지탱하는 데 필요한 한 끼의 식사
이거면 충분하다네.
내 집이 비록 작지만 아무렇지 않다네
어차피 인간은 한 번에 두 곳에서 잘 수 없을 테니!
내 비록 가진 말이 적지만 아무렇지 않다네
어차피 인간이 한 번에 두 마리의 말을 탈 수 없을 테니!
세상에 나만큼 운이 좋은 사람
아마 열 사람 가운데 일곱은 되리.
그러나 백 사람 가운데 나만큼 만족한 사람
이러저리 돌아봐도 찾기 어렵네.
다른 사람의 일이라면 바보조차 현인이 되지만
자신의 일에선 현인조차 잘못을 저지르네.
그 누구에게 내 심정 얘기할 수 없어
이 광시를 조카들에게 띄우네.

(다른 사람들도 있다)

윌리엄 헤즐릿(William Hazlitt)

윌리엄 헤즐릿은 19세기 초반 영국에서 활약한 수필가이자 비평가이다. 그는 열정과 섬세한 감각으로 셰익스피어의 희곡과 시에 관한 비평을 썼다. 1822년 출판된 개인 수필집 《잡담(Table Talk)》에서는 시인 사무엘 코울리지와 윌리엄 워즈워드와 만났던 일을 흥미있게 묘사하기도 했다.

헤즐릿은 외아들을 두었는데, 가족은 그의 지나친 사랑 때문에 아들 윌리엄 2세의 버릇이 나빠졌다고 할 정도로 아들 사랑이 극진했다. 1822년 헤즐릿은 열한 살의 아들에게 인생에 관한 조언을 했다.

사랑하는 아들아,

너도 이제 학교에 입학하게 된다. 이 세상에 처음으로 발을 들여놓는 것이다. 아버지가 별로 건강하지 못해서 언제까지 너와 함께 있을지는 모르겠지만, 지금 아버지가 줄 수 있는 최선의 지혜가 앞으로 네가 살아가는 데 도움이 되면 좋겠고, 그럴 때마다 나를 기억해 주면 좋겠구나. 다른 것은 몰라도 아버지가 이미 경험한 잘못에 대해서만은 미리 알려 주고 싶단다.

좋게 생각하는 것은 예전부터 지켜온 좋은 습관이다. 사실을 알기 전까지는 모든 일을 좋은 쪽으로 해석해라. 설사 결과가 좋지 않다 해도 일부러 힘들게 만들지 말고 묵묵히 참아라. 어차피 상황을 돌려놓을 수 없다면 말이다.

네가 잘 모른다는 이유로 다른 사람에 대한 편견을 가지면 안 된다. 그것은 옳지 못하며, 세상의 반을 적으로 만드는 어리석은 짓이다. 그 사람이 네게 해를 끼치기 전에는 나쁘게 생각하지 마라. 그들에게 좋지 않은 모습이 보여도 적당히 모르는 척해라. 이런 식으로 행동하면 화를 내거나 불평을 하는 것보다 빨리 적의를 없앨 수 있다. 그러나 가난과 같이 사람의 힘으로 어쩔 수 없는 일 때문에 그 사람을 경멸하는 일은 없어야 한다.

아버지가 언제까지나 네 곁에 있을 수는 없다. 마찬가지로 너도 내 곁에 머물 수만은 없을 테고. 그러므로 앞으로 네가 만날 사람들이 너에게 아버지와 같은 관심을 보여 줄 거라고 기대해서는 안 된다. 네가 가장 먼저 깨달아야 할 사실은 이 세상엔 너뿐 아니라 다른 사람들도 있다는 것이다. 어린애처럼 계속 너만 위해 주기를 바란다면 너는 그만큼 많은 좌절을 겪게 되고 놀림감이 된다. 너는 왕의 아들이 아니다. 다시 말해, 너에겐 다른 사람을 괴롭히거나 명령을 내릴 권한이 없다. 네가 기대할 수 있는 것은 다른 사람들과 운명을 공유하면서 우호적으로 서로의 차이점을 풀어가는 것뿐이다.

너무 빨리 세상과의 싸움을 시작하지 마라. 세상이 아무리 나빠 보여도 그 속에 어우러져 사는 게 제일 좋다. 싸움으로 개선될 문제였다면 벌써 오래 전에 개선되었을 것이다. 그러나 당장 바랄 수 없는 것이기 때문에 가장 좋은 방법은 최대한 모른 척하며 만족스럽게 흘려보내는 것이다.

너는 바보짓을 하는 사람들을 보며 비웃거나 눈물을 흘릴 수는 있지만 그들을 비난할 권리는 없다. 우리 자신과 그들 모두를 위해서.

(조직은 중요하다)

링컨 스테펀즈(Lincoln Steffens)

20세기 초 링컨 스테펀즈는 미국의 사회 개혁을 옹호한 언론인으로 사회의
부조리 폭로에 큰 공헌을 했다. 정계와 재계의 탐욕, 부정 부패, 부정한 거래
를 추적해 신문과 잡지에 폭로 기사를 내면서 미국인의 사회적 양심을 강조
했다.
1933년 11월 스테펀즈는 어린 아들 피터에게 잊혀지지 않는 편지를 보냈다.

이제 넌 아홉 번째 생일을 맞이했다. 아홉 살은 정말 중요한
나이다. 너도 그 차이를 느끼니? 지금까지 가지고 있던 어린이
취향을 벗어나야 할 때다. 도둑질도 거짓말도 더 이상 안 된다.
식탁 예절을 비롯한 다양한 예의범절도 익혀야 할 게다. 열 살
이 되기 위한 준비를 해야 하니까. 물론, 넌 잘 해 낼 거라고
믿는다.

아버지는 어제 하버드와 예일 대학의 미식 축구 경기를 보러
갔다. 하버드가 19대 6으로 이겼는데, 지난 2, 3년 동안 예일
대학이 계속해서 이겼기 때문에 하버드 대학으로서는 특히 소
중한 승리였다. 그들을 승리로 이끈 건 바로 협동 정신이었다.

협동 정신과 엄격한 규율, 그리고 뛰어난 기술이 이루어낸 결과였다. 하버드 팀의 한 선수가 멋진 플레이를 보였는데, 신문에서는 '나인 야드 런(nine yard run)'이라고 대서특필했더구나. 그 경기를 직접 본 내가 느낀 점은 하버드 대학팀 전체가 그 선수가 계속 달릴 수 있도록 예일 대학팀을 막으며 길을 열어 주었다는 것이다. 따라서 그 선수가 해야 할 일은 열심히 뛰는 것밖에 없었던 거지, 알겠니? 그 득점을 이끈 건 선수 한 명의 힘이 아니라 팀 전체의 힘이다.

신문이나 관객은 선수 개개인을 좋아하고 칭찬하지만 미식축구가 훌륭한 스포츠인 이유는 선수 개개인의 우수한 기량 때문이 아니라 팀 전체의 협동이 승리를 이끌어내기 때문이다. 모든 선수가 뛰어나야 하지만 선수 개개인이 팀의 일원으로서 완벽한 역할을 수행하는 게 가장 이상적이라고 할 수 있단다.

(진실은 유일한 방법이다)

잭 런던 (Jack London)

19세기 후반 샌프란시스코에서 태어난 잭 런던은 대중적인 인기를 얻은 소설가이다. 작품에는 《황야의 절규(The Call of the Wild)》, 《하얀 늑대(White Fang)》, 《바다의 이리(The Sea Wolf)》 등이 있다. 런던은 개인적인 업적 성취와 사회 개선을 강조했지만 때로 모순적인 면을 보여 주기도 했다. 그는 불행한 결혼 생활을 마감한 후에도 딸 조안과 계속 편지를 주고받으며 관계를 유지했다. 물론 부녀간의 관계가 항상 원만한 건 아니었다.

1913년 8월과 9월, 런던은 캘리포니아의 글랜 엘렌에 마련한 농장에서 집필 작업을 했는데, 당시 몸이 좋지 않던 그는 스물 두 살의 조안에게 편지를 보냈다.

물론 너는 나름대로 좋아하는 가르침이 있을 거라 생각한다. 그래도 아버진 네게 최고의 지혜를 전해 주려고 노력해 왔다. …… 이 세상을 이끌어 가는 사람은 정직하고, 진실되고, 올바르고, 옳은 내용을 말하는 사람이라는 사실을 항상 잊지 말아야 한다. 이것만은 부디 명심하기 바란다.

이 세상에서 진실만큼 위대한 건 없다. 따라서 훌륭한 사람이 되려면 진실해야 한다. 진실을 억압하고 숨기려고 하거나, 사람들 앞에서 당당하게 모든 진실을 밝힐 수 없다면, 그만큼 완전한 진실에 미치지 못하고 훌륭함에서 멀어지기 때문이다.

조안, 진실을 말하기는 참으로 쉬운데도 진실을 숨기려 하는 어리석은 사람이 너무나 많다는 사실에 이 아버진 가끔 놀라곤 한단다.

진실은 최선이 아니라 유일한 방법이다.

로마 제국의 세네카(Seneca of Rome)

세네카는 스페인에서 태어나 1세기 로마에서 활약한 문인이자 연설가로, 금욕주의적인 생활을 신봉했다. 그러나 당시 로마 시민들 사이에서는 상당한 인기를 얻은 그였지만, 사회 평등, 이성, 검소한 생활을 옹호한다는 이유로 황제 클라우디우스에 의해 추방당한다. 박해 받던 시기에 그는 루실리우스라는 젊은 관리에게 도덕적 교훈이 담긴 여러 통의 편지를 보냈다. 현대 수필의 시초로 평가되는 이 편지에서 세네카는 인격 형성의 중요성을 다음과 같이 강조했다.

악은 널리 알려져 있을 때 그 독소가 줄어드는 법이다. 질병 역시 잠재되어 있는 것보다 밖으로 드러나 그 존재를 드러낼 때 비로소 완쾌될 수 있다. 인간의 마음을 유혹하는 돈과 권력에 대한 집착과 모든 사회악 역시 마찬가지다. 가장 위험스러워 보이는 그 순간이 바로 독소가 약화되어 뿌리를 뽑을 수 있는 때이다.

우리가 비록 은거하고 있는 인상을 줄지 몰라도 사실은 전혀 그렇지 않다. 정말 세상을 멀리했다면 괴로움도 느끼지 못할 것이다. 훌륭한 사상으로 무장하고 그 어느 것에도 흔들리지 않는 강인한 인격을 가지고 있다면, 아무리 강력한 힘을 가진 자라도 그 사상을 파괴할 수 없는 법이다.

(책임감이 필요하다)

제임스 레스톤 (James Reston)

제임스 레스톤은 수십 년간 미국 언론계를 이끌어 온 사람이다. 1940년 뉴욕 타임즈에 입사해 후일 워싱턴 지부장을 역임했으며, 퓰리처 상을 받기도 했다. 평생을 언론계에 바친 그는 특히 독자의 세계관을 넓혀 주는 데 지대한 역할을 했다

뉴욕 타임즈에서 레스톤의 첫 근무지는 제2차 세계 대전의 포화 속에 갇혀 있던 런던 지사였다. 그 곳에서 레스톤은 독일군의 엄청난 폭격을 경험했다. 당시 서른 살이던 그는 미국에 남겨두고 온 아내와 세 살 난 아들 리차드를 무척 그리워했다. 히틀러 군대의 잔인 무도한 유럽 진격에 절망감이 깊어가고 열병까지 얻어 몸도 약해진 레스톤은 1940년 어느 가을밤 책상에 앉아 처음으로 유언을 작성했다. 그리고 아들에게 전하는 편지를 동봉해 아들이 스물한 살이 되는 날 열어 보도록 했다. 후일 레스톤은 자서전 《데드라인 (Deadline)》에 그 때 아들에게 쓴 편지를 실었다.

평화 시기에 우리가 저마다 치열한 투쟁을 벌이며 이루려고 하는 목표는 대부분 허구라고 할 수 있다. 삶과 죽음의 치열한 투쟁이 벌어지는 전쟁터에서 그 점은 더욱 극명하게 드러난다. 폭탄 소리는 사람들을 평소와는 다른 생각에 잠기게 한다. 폭탄은 모든 위선을 날려 버리고 인간을 양심 앞에 벌거벗긴다.

일상의 사소한 일들, 돈과 권력을 손에 쥐기 위한 쟁탈, 물질적 부를 둘러싸고 끊임없이 벌어지는 다툼, 이 모든 것이 전쟁터 한복판에서는 한 가지 이상(理想), 즉 사랑과 가족이 함께 하는 생활로 교체된다. 새삼스럽게 거창한 발견이나 한 것처럼 과장하려는 것은 아니다. 단지 포탄 아래 내던져진 이 나라에서 일어나고 있는 일을 전해 주려는 것뿐이다. 여기서 엄청난 고통과 싸우고 있는 사람들은 가족의 중요성을 절감하고 있다. 그 어느 때보다 사려 깊어지고 동시에 놀라울 정도로 강인해졌다. 그들은 외부에, 더 높은 곳에 존재하는 무언가를 위해 투쟁하고 있다. 그것이 바로 최고의 이상인 것이다.

또 하나의 이상은 책임을 인정하는 사람이 되라는 것이다. 이 전쟁은 무책임으로 점철된 시대에 발발했다. 미국도 다르지 않다. 제1차 세계 대전의 막바지에 우리는 우리 자신의 책임을 다하지 못했다. 조금만 더 후원했더라면 미국 혁명의 이상을 온 세상에 알릴 수 있었을 바로 그 때 미국은 손을 놓고 도망치고 말았다.

책임을 받아들이고, 그 책임을 완수하기 위해 최선을 다하는 사람이 되기 바란다. 건국의 아버지가 세운 이상에, 네 조국의 이상에 어긋나지 않도록 살아야 한다. 성실하고 정직하게 생활하고 책임질 줄 아는 사람이 되거라.

네즈퍼스 족의 추장 조셉(튜카카스)과 아들
(Chief Joseph(Tuekakas) and his son Chief Joseph the Younger of the Nez Perce)

위엄, 결단력, 부족민을 향한 헌신으로 무장한 네즈퍼스 족의 조셉 추장은 북아메리카 인디언의 지도자이자 대변인으로 세인의 존경을 받은 인물이다. 1877년 조셉 추장은 그들이 살고 있던 오레곤 주의 계곡을 떠나라는 정착민들의 요구에 대항해 어쩔 수 없이 무력으로 맞서게 된다. 그러나 수십 번에 걸친 매복 공격과 격렬한 전투에도 불구하고 조셉 추장은 결국 항복할 수밖에 없었다.

1879년 북아메리카 리뷰(North American Review) 지는 '인디언의 눈으로 보는 인디언 문제' 라는 제목으로 그의 연설을 게재했다. 이 글에서 조셉 추장은 부족을 이끌던 아버지가 자유를 위한 투쟁을 멈추지 말라고 당부하던 이야기를 했다. 다음은 그의 아버지가 병석에서 해 준 마지막 말이다.

아들아, 내 육체는 이제 위대한 어머니 땅으로 돌아가고 내 영혼은 훌륭하신 조상들을 만나러 갈 것이다. 내가 떠나면 우리 부족을 보살펴야 할 사람은 바로 너다. 넌 이 사람들을 이끌어갈 추장이다. 그들은 추장이 인도해 주기를 기다리고 있다. 힘들 때마다 아버지가 한 번도 이 땅을 포기하지 않았다는 사실을 생각하도록 해라. 그 누가 어떤 달콤한 말로 우리 땅을 파는 조약에 동의하라고 설득해도 그렇게 하면 안 된다.

이제 몇 년이 지나면 백인들이 몰려올 것이다. 그들은 우리 땅에 관심을 갖고 있다. 아들아, 내가 남기는 마지막 말을 절대로 잊지 마라.

이 땅은 바로 네 아비의 시신이 묻힌 곳이다. 네 아버지와 어머니의 뼈를 팔면 안 된다.

루이스 캐럴(Lewis Carroll)

루이스 캐럴은 《이상한 나라의 앨리스(Alice's Adventures in Wonderland)》를 쓴 작가로, 영국 옥스포드 대학의 수학 교수였다. 본명이 찰스 더그슨인 그는 수줍음을 많이 타는 성격이었고, 도덕심이 유달리 강했다. 마법을 부리는 여왕과 말하는 동물이라는 인물 설정이 당시 빅토리아 여왕 시대를 살고 있던 사람들에게 커다란 공감을 불러일으켰다.

더그슨은 평생 독신으로 살아 자식이 없었지만 아이들을 참 좋아했다. 1895년 7월, 그는 조카 버트램 콜링우드에게 다음과 같은 편지를 보냈다.

1. 인간의 행동은 옳을 수도 있고 그를 수도 있다.
2. 나는 자유 의지를 지니고 있으며 옳고 그름을 분별할 수 있다.
3. 나는 잘못된 선택을 할 때가 있다.
4. 잘못된 선택은 내 책임이다.
5. 나는 다른 사람에게 책임을 진다.
6. 그 사람은 참으로 선한 사람이다.

행복한 미래는 청소년기에 준비된다

클라우드 아리스티드와 손자 장 베르트랑 아리스티드
(Claude Aristide and his grandson Jean-Betrand)

1991년 2월 1일, 교구 목사이던 서른일곱 살의 장 베르트랑 아리스티드는
아이티의 대통령으로 취임했다. 아이티 최초로 실시된 민주 선거에서 당선
된 것이다. 오랫동안 부정부패와 유혈 사태로 점철된 섬나라 아이티에 마침
내 희망찬 미래가 보이는 듯했다. 그러나 채 일 년도 지나지 않아 아리스티
드 대통령은 쿠데타 세력에 의해 축출되는 불운을 겪는다. 이는 미국의 무
력 개입을 초래했고, 아리스티드 대통령은 미국의 도움으로 대통령직에 복
귀할 수 있었다.
아리스티드 대통령은 아이티 남서부의 작은 마을인 포트 사룻에서 태어났
다. 태어난 지 얼마 되지 않아 아버지를 여읜 아리스티드 가족은 수도 포토
프린스로 이사했다. 그 후에도 가족들은 고향을 자주 방문해 아리스티드의
할아버지와 함께 지내곤 했는데, 이 분이 바로 청년 아리스티드에게 삶의
길잡이가 되어 준 사람이었다.
최근 아리스티드 대통령은 할아버지에 대해 이렇게 말했다.

제가 지금 이 자리에 서기까지 많은 훌륭한 사람의 도움을
받았지만 그 중에서 가장 큰 힘이 되어 준 분은 바로 할아버지
입니다.

할아버지는 평화와 정의를 구현하기 위해 직접 발로 뛴 사람

이었습니다. 그래서인지 사람들은 할아버지를 존경했습니다. 할아버지가 원한 것이 있다면 가난한 마을 사람들이 적어도 하루에 한 끼를 먹는 것이었습니다. 그리고 인간에 대한 사랑으로 넘쳐나는 할아버지는 부정을 보면 절대 그냥 넘어가는 법이 없었습니다. 할아버지의 입에선 정의란 말이 떨어지지 않을 정도였으니까요.

비록 할아버지가 글을 읽고 쓸 줄은 몰랐지만 당신의 인생은 어느 위대한 책보다 훌륭한 도덕적 가치를 전해 주었습니다. 아침에 할아버지가 면도하는 모습을 지켜보고 있을 때면 '얘야, 내 수염이 몇 개인지는 알 수 없지만 얼마나 많은 사람들이 부정으로 고통받고 있는지는 알 수 있다'로 열변을 시작하곤 했지요. 그 때 나는 할아버지의 눈에서 인간에 대한 진실한 사랑을 느낄 수 있었습니다.

어릴 때는 여름마다 고향에 내려가서 지냈어요. 할아버지는 정원 일에 많은 정성을 쏟으셨고, 나에게 정원을 보여 주면서 모두가 열심히 일해 땅을 기름지게 만들어야 한다고 강조하셨습니다. 그리고 함께 힘을 모아 열심히 경작했으니 주인이 아니더라도 각자의 필요에 따라 그 열매를 나누어 가져야 한다는 말씀도 하셨습니다. 지금 생각해 보면 그 때 할아버지는 비록 가진 것 없는 사람도 존엄한 인간이라는 사실을 내게 심어주시려고 했던 것 같습니다.

토마스 제퍼슨(Thomas Jafferson)

1782년 토마스 제퍼슨은 서른아홉의 나이로 부인을 잃고 혼자서 두 딸 팻시와 폴리를 키워야 하는 처지가 되었다. 슬픔과 외로움에 힘겨워하던 그에게 마침 조국을 위해 봉사할 기회가 주어졌고, 제퍼슨은 기꺼이 받아들여 프랑스 법원의 미국 특사로 근무하게 된다. 이후 그는 조지 워싱턴 대통령의 내각에서 일하게 되었고, 대통령직을 두 번이나 역임하게 된다.

1784년 파리로 떠날 때 제퍼슨은 여덟 살 난 큰딸 팻시를 데리고 갔다. 그의 딸에 대한 사랑은 보통 지극한 게 아니었다. 이듬해 3월 제퍼슨은 혼자 마르세이유 근처로 떠나가 있는 동안 혼자 남겨둔 딸 팻시에게 애정을 가득 담은 편지를 보냈다.

아버지가 바라는 건 네가 행복한 인생을 사는 거다. 그런데 행복하게 살 수 있으려면 무엇보다 우선 부지런하고 활동적인 생활 태도를 익혀야 한다. 인간의 행복을 갉아먹는 암적인 요소 가운데 나태함만큼 그 폐해가 큰 것은 없다. 자신도 모르는 사이에 스며들어 결국 온 몸으로 독소가 퍼져나간다.

몸과 마음이 게을러지면 우리의 존재는 짐이 되고 아무리 사랑스러운 모습이라도 혐오감을 불러일으키게 된다. 그러나 부지런히 움직이다 보면 생활의 질서가 잡히고 몸과 마음도 건강해져 언제나 밝고 명랑하게 지낼 수 있을 것이다. 이런 사람이라면 당연히 주위 사람들에게 사랑받지 않겠니?

무엇보다 깊이 명심해야 할 점은, 이같이 부지런한 생활 태도가 바로 너처럼 어린 나이에 형성된다는 사실이다. 이 시기를 놓치면 기회는 더 이상 주어지지 않는다. 따라서 행복한 미래를 가질 수 있느냐 없느냐는 짧은 어린 시절을 어떻게 보내느냐에 달려 있다고 해도 과언이 아니다. 그러니 혹시라도 네 안에서 나태한 모습을 본다면 즉시 떨쳐 버리도록 해라.

굳은 결의만 있다면 사람이 못 해 낼 일은 없다. 어떤 일에도 절망하지 말고 결의와 끈질긴 노력으로 어려움을 극복하는 것이 바로 네가 가져야 할 자세이다. 아버지가 네게 거는 기대는 높다. 그리고 넌 그 기대를 뛰어넘는 훌륭한 일을 해 내리라 믿는다. 이 세상에서 이 아버지를 행복하거나 비참하게 만들 수 있는 단 한 사람이 있다면 그 사람은 바로 너라는 사실을 잊지 마라. 사랑한다.

르무엘 쇼 판사(Judge Lemuel Shaw)

19세기 중반 뉴 잉글랜드의 르무엘 쇼는 법조인, 공무원, 사회활동가로 활약했다. 매사추세츠 주의 대법원 판사였던 쇼는 당시 문학계에서도 상당히 알려져 있었는데, 철학가 랄프 왈도 에머슨과 절친한 친구였고, 후일 소설가 허먼 멜빌을 사위로 맞이하기도 했다.
쇼는 특히 타협할 줄 모르는 청렴 결백한 성격으로 잘 알려져 있다. 1840년 그는 기숙 학교에 적응하지 못하고 힘겨워하는 아들에게 따끔한 충고를 했다.

현재나 미래나 너의 행복은, 청소년기에 어떤 교육을 받고, 얼마나 훌륭한 인격을 가꾸어 나가느냐에 달려 있다. …… 언제라도 내키지 않거나 힘든 일이 생길 수 있다. 그럴 때면 이성적으로 판단해 오히려 너 자신을 계발시키는 기회로 삼아야 한다.

이제 몇 년만 지나면 너도 어른이 되어 사회로 진출하게 된다. 이 사회에서 성공하느냐 실패하느냐는 바로 네가 키워 온 능력과 자질에 달려 있다. 그 동안 훌륭한 인격을 가꾸고 하느님과 인간을 향한 사랑을 배웠다면, 이 사회에 쓸모 있는 사람이 되어 사람들에게 존경받으며 행복한 삶을 누릴 수 있다. 그러면 이 세상에 있는 모든 축복을 받을 수 있겠지. 그렇지만 이 중요한 청소년기를 사소한 쾌락에 빠져 허비한다면 점점 나태해져 결국 나쁜 길로 접어들 수도 있단다. 설사 사회에 해를 끼치는 존재가 되지 않는다 하더라도 쓸모 없는 인간이 되고 말 것이다.

지금 네 앞에는 훌륭한 습관을 기를 기회가 놓여 있다. 이 습관은 굳센 결의와 인내심을 가지고 부지런히 노력할 때 비로소 이룰 수 있다. 굳은 결의와 인내심만 있다면 이 세상에는 극복하지 못할 게 없다. 너는 많은 능력이 있을 뿐 아니라 주변에 기꺼이 도와줄 친구도 많이 있지 않느냐. …… 소중한 시간을 낭비하지 말고 최대한 유익하게 보내기 바란다.

제임스 1세(King James I)

엘리자베스 여왕이 별세한 후 스코틀랜드의 왕 제임스 4세는 영국의 왕위를 물려받아 제임스 1세가 되었다. 그는 200년 이상 스코틀랜드를 통치한 스튜어트 왕가 출신이었지만 교활하고 오만한 성격 때문에 평판은 그다지 좋지 않았다.
1603년 4월 1일 제임스 왕은 장남 헨리 프레드릭 왕자에게 편지를 보냈다. 곧 황태자로 책봉될 예정이던 아홉 살 난 프레드릭 왕자는 왕비와 함께 스코틀랜드의 스털링 성에 있었다.

프레드릭, 네가 영국의 황태자가 된다는 사실 때문에 거만해지거나 무례하게 구는 일은 없기를 바란다. 이전에도 너는 왕의 아들이자 왕권을 물려받을 후계자가 아니었더냐? 게다가 황태자가 된다는 건 근심과 무거운 짐만 많아진다는 걸 의미한다.

즐거워하되 거만하지 않고, 친절을 베풀되 겸손해야 함을 잊지 마라. 친구도 훌륭한 가문에서 교육을 받은 사람과 교류하는 것이 좋다. 그리고 무엇보다 아버지가 존경하는 사람이 아니라면 섣불리 믿지 말도록 해라.

너를 만나러 오는 모든 영국 사람을 사랑스러운 백성으로 여겨라. 이방인을 대하듯 형식적으로 대하지 말고 진실하게 대해야 한다. 그들에게는 그만한 대우를 받을 가치가 있다는 걸 잊지 마라. …… 부지런히 공부해서 아버지를 기쁘게 만들어다오. 선생님을 존중하고 그 말씀에 복종해라. 선생님을 존경하는 마음은 바로 이 아버지와 너 자신을 존중하는 것이니까.

(편견은 극복된다)

로코 부스카글리아와 아들 레오
(Rocco Buscaglia and his son Leo)

미국 남부 캘리포니아 대학(the University of Southern California)의 교육학 교
수인 레오 부스카글리아는 '친밀함'을 주제로 책을 펴내 베스트셀러 작가
로 부상했다. 그의 이론 가운데에서 가족과 친구와 이웃과 동료들을 '매일
포옹하는 게 좋다'는 주장은 사람들에게 커다란 호응을 얻었다. 그는 성장
기 아이들에게 정말 필요한 것은 지적인 교육이 아니라 감성적인 교육이라
고 강조했다.

부스카글리아의 부모는 이탈리아에서 미국으로 이민을 왔으며, 부스카글리
아는 남부 캘리포니아에서 어린 시절을 보냈다. 부모님은 영어를 잘 못했을
뿐 아니라 사투리가 심했다. 후일 부스카글리아는 기념 회고록 《아빠, 나의
아버지(Papa, My Father)》에서 이렇게 말했다.

"우린 다른 음식, 이국적인 음식을 먹었다. 가족간의 대화는
생명력이 넘쳐 흘렀으며 목소리도 큰 편이었고, 특히 손짓을
아주 많이 했다. 그런데 사춘기가 되면서 그 때까지 내가 그렇
게 사랑하던 어머니와 아버지가 갑자기 나를 당황스럽게 만드
는 존재로 느껴졌다."

어느 날 부스카글리아는 같은 중학교에 다니는 불량 청소년 들에게 공격을 받았다. 아이들은 부스카글리아가 이탈리아 출 신이라는 이유로 마구 욕설을 퍼붓고 때렸다. 굴욕감과 분노에 휩싸인 그는 울면서 집으로 돌아와 화장실로 들어가서 문을 잠 가 버렸다. 한참 뒤에 아버지가 부드러운 목소리로 그의 이름 을 부르자 문을 열고 나와 엉엉 울었다. 그 때 아버지는 그를 꼭 껴안아 주며 무슨 일이 일어났는지 말해 보라고 달랬다.

"난 이탈리아 사람인 게 싫어요! 다른 나라 사람이면 좋겠어 요."

부스카글리아는 화난 목소리로 소리를 질렀다고 한다. 그는 회고록에서 그 때 일을 이렇게 말한다.

아버지는 나를 꼭 붙잡았다. 그 목소리는 강하고 위협적이기 까지 했다.

"다시는 그런 소리 하지 마라. 자신을 자랑스럽게 생각해야 한다. 한 번 생각해 봐라. 미국을 발견하고 이름을 지어 준 사 람은 다름 아닌 이탈리아인이다. 이탈리아인은 감미로운 음악 을 연주하고, 멋진 노래를 만들고, 훌륭한 그림을 그리고, 위대 한 책을 쓰고, 아름다운 다리를 지었다. 이런데 어떻게 이탈리 아인임을 자랑스러워하지 않을 수 있겠니? 게다가 너는 미국인 이기도 하니 이 얼마나 큰 행운이냐?"

"그 녀석들은 그걸 몰라요. 난 다른 나라 사람이 되고 싶다 구요."

나는 아버지 말을 들으려 하지 않았다.

"하지만 넌 다른 사람과 다르다. 신은 모든 사람을 다르게 만드셨다. 한 명 한 명을 다르게 만들어 각자의 모습을 주신 거다. 다른 사람과 다르다고 두려워할 건 없다. 다르다는 건 오히려 좋은 거다. 너를 이렇게 때리고 욕한 아이들 하고 같아지고 싶니? 너도 다른 사람을 괴롭히고 울리고 싶니? 그 아이들하고 다르다는 게 기쁘지 않니?"

그 때 아버지의 말이 설득력 있게 들리지 않았지만 난 아무 말도 하지 않았다.

"말해 봐, 기쁘지 않니? 그 아이들처럼 되고 싶냐고? 너를 괴롭힌 아이들 말이야!"

"아뇨."

"그럼 눈물을 닦고 너 자신을 자랑스럽게 생각해라. 앞으로도 오늘 너를 괴롭힌 그런 사람들을 분명히 만나게 될 거다. 그런 사람은 어디를 가든 있기 마련이니까. 그렇지만 그들을 동정해야지 두려워하면 안 된다. 우린 강해야 한다. 이탈리아인이라는 사실과 지금 우리 모습을 언제나 자랑스럽게 생각해야 한다. 그러면 아무도 우릴 해치지 못할 거다."

아버지는 이렇게 말씀하신 다음 내 눈물을 닦고 얼굴을 씻어 주신 다음에 말씀하셨다.

"자, 이제 정원에 나가서 빵이나 먹자."

…… 그 때 아버지의 설명이 만족스럽진 않았지만 이상하게

기분이 좋아졌다. 아버지와 함께 정원에서 버터 빵을 먹던, 유난히 햇살이 눈부셨던 날의 일은 비록 편견이란 문제를 해결해 줄 수 없었지만 그래도 그 안에 담겨 있는 그 어떤 힘을 느낄 수는 있었다. 말로 설명할 수 없는 힘과 결단력이 바로 그것이다. 그 힘은 지금까지 내가 편협함과 차별의 본질을—편협함은 허약함과 무지를 감추기 위한 껍데기에 지나지 않는다는 것을—꿰뚫어보는 근거로 작용하고 있다.

마틴 루터 킹 2세(Martin Luther King Jr.)

1960년대 초 마틴 루터 킹 2세는 인권 운동에 깊이 관여하고 있었다. 하지만 그는 바쁜 일정에도 불구하고 조금이라도 시간이 나면 애틀랜타에 있는 아이 둘(요키와 마티)과 함께 보냈다.

그래서 킹 목사는 아이들과 놀 때마다 함께 지내지 못한 며칠 혹은 몇 주일 동안의 시간을 몇 시간 안에 모두 채워넣으려고 애썼다. 그의 아내 코레타 여사는 남편이 아이들과 어찌나 심하게 야단법석을 떨고 장난치면서 노는지, 결국에는 집을 아예 난장판으로 만들어 놓고 말았다고 했다. 그리고 아들 마티는 아버지를 농담 잘하는 아주 재미있는 분으로 기억한다.

킹 목사 부부는 원리원칙을 중시하면서 동시에 포용력을 발휘하는 자세로 아이들을 키우려고 노력했다. 성격 대부분이 어린 시절에 형성된다는 사실을 잘 알고 있었기 때문이다. 킹 목사는 어린 시절에 아버지가 저지른 여러 가지 실수를 통해 교훈을 깨달으려고 노력하면서, 아이들은 억압 대신 따뜻한 가르침을 통해 자신의 생각과 감정을 자유롭게 표현하는 방법을 배울 수 있어야 한다고 늘 강조하기도 했다.

한 친구는 킹 목사가 아이들을 너무나 편하게 대하는 모습을 직접 목격한 적이 있었다. 이 방문객이 킹 목사의 서재에서 함께 대화를 나누고 있을 때 요키와 마티가 자주 들어와 둘 사이의 논쟁을 해결해 달라고 하곤 했는데, 한 번은 킹 목사가 이 방문객에게 이런 얘기를 한 것이다.

"우리 같은 어른은 항상 바빠요. 그래서 항상 많은 일에 매여 있을 뿐 아니라 생각할 것도 너무 많다 보니, 아이들이 말하는 얘기에 귀를 기울이지 않게 되지요. 아이들이 무슨 이야기를 하려고 하면 '애야, 아빠는 바쁘단다' 하면서 말문을 막는 거예요. 우리 어른은 아이들 역시 이 세상에 적응하며 살아가기 위해 스스로 창조력을 발휘하며 노력한다는 사실을 잊어버리는 경향이 있어요. 하지만 아이들은 아주 뛰어난 창조력과 거대한 능력을 가지고 있지요."

자신의 아버지가 그랬듯, 킹 목사 역시 인종적인 편견에서 자신의 아이들을 보호하는 방패가 되려고 노력했다. 그러나 남부에서는 '흑인'이기 때문에 받는 고통과 편견을 영원히 숨길 순 없었다. 요키는 펀 타운(Fun Town)이라는 놀이공원 때문에 그 가슴 아픔을 처음으로 느껴야 했다. 언제부턴가 요키는 애틀랜타의 백인 전용 놀이공원인 펀 타운에 가자고 조르기 시작했는데 킹 목사는 매번 적당히 둘러대면서 넘어가려고 했다. 그러던 어느 날 요키가 잔뜩 흥분한 채 계단을 뛰어내려 왔다. 그리곤 텔레비전에서 모든 사람을 펀 타운에 초대한다며 지금 당장 그 곳에 가자고 조르기 시작한 것이다. 이 말을 들은 킹 목사는 딸을 의자에 앉히고 처음으로 흑백 차별에 대해 설명해야 했다.

"나는 연설을 할 때마다 많은 박수를 받곤 했습니다. 그런데 텔레비전 광고에서 말한 '모든 사람'에 우리가 포함되지 않는 이유를 여섯 살 난 딸애한테 설명하려니까 갑자기 혀가 꼬이고 입이 제대로 움직이지 않아, 말이 더듬더듬 나오더군요. 딸아이는 우리 같은 흑인은 펀 타운에 들어갈 수 없다는 말을 듣고 펑펑 울기 시작했는데, 그 모습을 지켜보는 나는 억장이 무너졌습니다. 그 때처럼 고통스러운 순간은 아마 없었을 겁니다. 우리 아이의 순수하고 맑은 영혼에 검은 먹구름이 끼기 시작한 순간이 바로 그 때이니 말입니다."

그 뒤 몇 년 동안 킹 목사는 순회 강연에서 인종 편견이 낳는 상처를 얘기할 때마다 이 일을 언급했다. 그리곤 스스로 자유를 얻기 위해 투쟁하여, 요키를 비롯한 모든 아이들에게 모범적인 모습을 보였다.

공부에 대한 아버지의 지혜

(배움의 중요성)

브렛 하아트(Bret Harte)

브렛 하아트는 미국 서부 출신으로 명성을 얻은 최초의 문인이다. 이는 마크 트웨인보다 더 빠른 시기였다. 시집 《이교도 중국인(The Heathen Chinese)》과 단편 모음집 《롤링 캠프의 행운과 몇 가지 다른 소품(The Luck of Roaring Camp and Other Sketches, 1870)》은 그를 당대 최고의 작가로 만들었다.

1879년 1월 독일 여행중이던 하아트는 열여섯 살 난 아들 우디에게 교육의 중요성을 강조하는 편지를 보냈다.

아버진 네가 큰 키만큼이나 강한 사람이 되었으면 좋겠다. 그래서 우리 장남을 '올려다볼 때'마다 좋은 점이 눈에 띄었으면 한다.

그러나 지금은 공부에 전력하기 바란다. 네가 공부를 게을리한다는 말을 들어서 이런 얘길 하는 건 아니다. 네가 이곳에 같이 왔더라면 독일 아이들이 공부하는 모습과 지식 수준을 보고 스스로 부끄러워했을 거라는 생각이 들어서다. 여기 학생들은 보통 영어뿐만 아니라 불어까지 한꺼번에 공부한다. 그래서 두 가지 언어를 모두 유창하게 구사하는 학생들이 많다. 하지만 그것은 원래 영리해서가 아니라 열심히 노력한 덕분이다. 쉽지 않은 일이지만 다들 꾸준히 노력하고 있다. 겨울에도 아침 일곱시부터 오후 네시까지 학교에서 공부하고 저녁엔 집에서 공부한다.

이곳 아이들은 미국 아이들이 똑똑하다고 생각하며 얼마나 부러워하는지 모른다. 그런데 네가 이 아이들보다 뒤처진다면 어떻겠니? 너도 그런 모습을 보이고 싶진 않겠지?

우디야, 아버진 네게 도움이 될까 해서 말해두는 것뿐이란다. 그럼, 설교는 이것으로 끝내마.

에블린 워어(Evelyn Waugh)

20세기 영국의 소설가 중에서 독자들에게 가장 많은 사랑을 받은 소설가를 꼽으라면 에블린 워어를 들 수 있다. 그는 영국 상류 사회의 도덕과 종교 생활을 날카로운 기지와 풍자를 곁들여 묘사한 것으로 유명하다. 가장 유명한 작품인 《브라이즈헤드로의 귀환(Brideshead Revisited)》은 1945년에 출간되었다.
1956년 2월 워어는 기숙학교를 그만두고 호텔에 취직하겠다며 고집을 부리던 열여섯 살 난 아들 오베론에게 편지를 보냈다.

학교 생활이 힘든 건 아버지도 충분히 이해한다. 아버지도 네 나이때 똑같은 경험을 했다. 그 때 할아버지한테 학교를 그만두게 해 달라고 말씀드렸지만, 완강하게 안 된다고 하셔서 얼마나 화가 났는지 모른다. 그렇지만 지금은 당시의 할아버지 결정에 깊이 감사하고 있다.

선원이 되든, 장사를 시작하든 네가 정말 원하는 직업이 있다면 아버진 반대하지 않는다. 그렇지만 지금 넌 호텔 일을 단지 학교를 떠나는 수단으로만 생각하고 있다. 그런 식으로 직업을 선택하는 건 바람직하지 않고 호텔 일은 네게 적합하지 않다고 생각한다.

지금 학교를 그만두면 후일 군대에 가더라도 장교로 임관될 수 없다. 아니, 임관을 거절당할지도 모른다.

행복한 삶을 누리는 건 좋은 친구가 있을 때 가능하다. 아버지는 옥스포드 대학과 군대에서 그런 친구들을 만났다. 지금 네가 자칫 잘못해서 섣부른 결정을 내린다면 평생을 외롭게 살거나, 그렇고 그런 사람들과 어울려 지내야 한다. 이 시점에서 학교를 떠난다는 건 앞으로 남은 열여덟 달을 이겨낼 의지와 자제력이 없다는 걸 의미하기 때문이다. 열여덟 달 동안 열심히 공부하고 규칙을 준수하며 학교 생활에 집중할 자신이 없어서 중도에 포기한다는 건 말도 안 되지 않니? 너는 유머 감각도 있고 감정 표현도 뛰어나단다. 그렇지만 조금 무례하고 명예를 존중할 줄 모르는 점이 맘에 걸리는구나. 이런 좋지 않은 자질을 그대로 두면 결국에는 파멸의 구렁텅이로 빠질 가능성이 많다. 학교 생활을 충실히 하며 이 같은 단점을 극복하기 바란다.

지금 우리 집 형편은 네가 돈을 벌지 않아도 충분히 꾸려나갈 수 있을 뿐 아니라, 이 아버지는 너의 행복을 위해 모든 걸 각오하고 있단다. 그런데 네가 그런 생각을 한다니, 이 아버진 정말 가슴 아프구나.

윌리엄 클라우드 필즈(W.C. Fields)

필라델피아에서 태어난 윌리엄 클라우드 필즈는 열네 살부터 보드빌과 희극 뮤지컬에 출연했다. 필즈를 생각하면 높은 중절모, 주먹코, 입가로 얘기하는 독특한 방법 이 가장 먼저 떠오른다.

영화에서는 아이들을 내팽개쳐 둔 채 술과 사기 협잡으로 살아가는 아버지 모습으로 자주 등장했지만, 1915년 4월 해외 공연 도중 어린 아들 클라우드에게 보낸 다음 편지에는 부드럽고 따뜻한 아버지의 참모습이 담겨 있다.

　

지난 달 29일에 보낸 편지는 잘 받았다. 그렇게 멋진 편지를 받게 돼서 얼마나 뿌듯했는지 모른다. 이제 야구나 다른 운동도 열심히 하고 있다니 기쁘구나. 공부만 하는 게 아니라 운동도 꾸준히 하면 더 훌륭한 사람이 될 거다. 네가 유럽에 관해서 한 말은 이 아버지도 동의한다. 그렇지만 여기 유럽의 선생님만큼 미국 선생님들도 훌륭하시단다. 그렇지만 네가 다른 나라로 가면 우리 나라에서 누릴 수 있는 최고의 특권을 잃게 될 거다. 무슨 특권이냐구? 그건 바로 미국의 뛰어난 교육이란다.

대학 교육에서 얻어야 할 것

프랭클린 D. 루스벨트(Franklin D. Roosevelt)

프랭클린 D. 루스벨트의 장남 제임스가 열아홉 살의 나이에 하버드에 입학할 때만 하더라도 루스벨트는 뉴욕 주지사도 대통령도 아니었다. 하지만 대통령 선거에 부통령 후보로 출마했던 경력 때문에 이미 전국적 지명도를 가진 민주당 내부에서 주목받는 인물이었다.

1926년 8월 루스벨트는 하버드 대학의 학장 체스터 그리노프 씨에게 편지를 보낸 후, 한 부를 복사해 제임스에게도 보냈다. 제임스를 염두에 두고 쓴 편지였기 때문이었다. 다음은 그 편지의 일부이다.

제가 나름대로 조사해 본 결과를 말씀드리겠습니다. 현재 귀교와 같은 사립 대학이 처한 가장 심각한 문제는 부모들이 자녀를 학교에 보내기 위해 지나치게 많은 돈을 써야 한다는 것입니다. 물론 거기에는 자동차는 물론 한때의 휴가를 위해 장만하는 온갖 값비싼 물건들도 포함됩니다. 저 역시 귀교의 졸업생이고 이젠 학부모로서 이 문제를 해결하는 데 작은 힘이나마 보탬이 될 수 있기를 바랍니다. 그런 뜻에서 지난 여름 방학에는 제 자식을 제지 공장에서 일하도록 했습니다.

다음은 다른 학생은 물론 제 자식이 학교 생활의 목표로 삼기를 바라는 내용들입니다.

1. 낙제를 면하는 학점이 아니라 장학금을 탈 만한 학점을 받는 것.
2. 운동은 최우선이 아니라 부차적인 목표로 삼을 것.
3. 토론 같은 학생 활동에 적극 참여할 것.
4. 학과 급우들과 전체적으로 깊이있게 교제할 것.
5. 학비의 일부를 책임질 만한 기회를 만들 것.

월터 롤리 (Walter Raleigh)

20세기 초 월터 롤리는 영국의 교육자이자 문인으로 세인의 존경을 받았다. 안타깝게도 사십삼 년의 짧은 생을 살고 갔지만, 셰익스피어나 워즈워드 같은 대문호의 작품과 문학 일반을 주제로 많은 글을 발표해 인정을 받았다. 특유의 기지 넘치는 관점으로 논리 정연하게 써내려간 수필은 그가 독서와 창의적인 사고를 얼마나 중요하게 생각했는지 보여준다.
1920년 6월 롤리는 대학 교육에 불만을 가지고 있는 딸 필리파에게 다음과 같은 편지를 보냈다.

지성이 있는 사람이라면 굳이 길게 늘어놓지 않아도 된다. 사람들이 네 머릿속에 담긴 지성을 알고 있기 때문이다. 공부가 매력적인 이유는, 네가 커다란 흥미를 느끼면서 공부에 집중할 때 비로소 이같이 소중한 지성이 네 머릿속에 들어가게 된다는 점이다. 네가 가장 좋아하는 분야를 선택하고 그 다음에는 수업에 충실하도록 하려무나. 가능하다면 그 분야에 정통하고 애정이 있는 선생님과 만나게 되기를 바란다.

세상에는 갖가지 신기한 것들이 많이 있다. 우리는 성실할 때 이 세상을 가장 바람직하게 살아갈 수 있단다. 행운은 그 다음이지. 어차피 우리는 누구나 일정한 행운을 누리고 있지 않니? 하지만 뛰어난 사람은 그런 행운이 따라주지 않는다 하더라도 좌절하지 않는단다.

(자연스러운 교육)

호르헤 보르헤스와 아들 호르헤 루이스
(Jorge Borges and his son Jorge Luis)

아르헨티나의 노벨 문학상 수상자 호르헤 루이스는 1899년 부에노스 아이레스 근교에서 태어났다. 그는 자신에게 가장 많은 영감을 주신 분이 아버지라고 했다. 그의 아버지 호르헤 기엘모 보르헤스는 행정 사무 변호사로, 그리고 심리학 교수와 작가로도 활동했다. 아버지를 회상하는 그의 얼굴에는 언제나 존경어린 표정이 가득했다. 다음은 인터뷰의 일부이다.

"아버지는 진정한 지성인이셨어요. 모든 지성인이 그렇듯 아주 친절하셨죠. 한번은 내게 군인, 제복, 막사, 깃발, 교회, 신부, 정육점 같은 걸 잘 봐두어야 한다고 말씀하셨어요. 아버지는 그런 것이 곧 사라질 거라 생각하고 후일 내가 자식을 낳으면 아이들에게 그런 것도 말해 줘야 한다고 하셨거든요. 물론 아버지의 예언은 실현되지 않았지만 말입니다. …… 아버지는 겸손한 분이어서 늘 사람들 눈에 띄지 않는 곳에서 일하는 걸 좋아하셨어요.

아버지의 우상은 쉘리, 키츠, 스윈번 같은 영국 시인이었어요. 독서를 즐기셨던 아버지가 특히 관심을 가지신 분야는 형

이상학과 심리학이었고, 문학과 동양에 관한 책도 즐겨 읽으셨어요. 시와 아름다운 말은 대화의 도구일 뿐 아니라 신비로운 힘을 발휘하는 상징이자 음악이라는 사실을 일깨워 주신 분도 바로 아버지입니다."

어린 시절에 겪은 특별한 경험에 대해 묻자 루이스는 흥분을 감추지 못한 채 이렇게 말했다.

"그 때 내게 제일 흥미로운 것은 아버지의 서재였어요. 하루 종일 그 곳에서 지낸 적도 있을 정도였지요. 유리문이 달린 책장으로 가득한 그 방은 어딘지 모르게 독특한 면이 있었는데 아직도 그 모습이 머리에 선명하게 떠올라요. 책이 아마 수천 권은 넘었을 겁니다. 그 때 내가 얼마나 책을 좋아했는지, 같이 놀던 친구 얼굴은 떠오르지 않지만 그 때 읽은 챔버나 브리태니커 백과 사전은 지금도 분명하게 기억할 수 있을 정도예요."

루이스는 영국 시를 좋아했으며 사전과 백과 사전에 파묻혀 많은 시간을 보냈기 때문에 아버지에게 특히 많은 사랑을 받았다. 그가 발표한 유명한 작품 가운데는 백과 사전과 서재의 이미지를 초현실적으로 다룬 소설이 있을 정도다. 루이스는 여섯 살 때 아버지에게 '난 나중에 소설가가 될 거야' 라고 뽐내며 말했다고 한다. 나중에 소원대로 소설가가 된 그의 첫 번째 작품은 부조리를 소재로 한 내용으로 세르반테스의 작품처럼 고전을 어린이의 눈으로 재해석한 것이었다.

"아버지는 내가 하는 일을 간섭하신 적이 한 번도 없어요. 실수를 하더라도 내가 직접 수습하기를 원하셨거든요. 한 번은 이런 말씀을 하셨어요 - 사실, 어른이 아이를 교육시키는 게 아니라 아이가 어른을 교육시키는 거란다."

크리스티앙 보어와 아들 닐
(Christian Bohr and his son Niels)

원자 연구로 현대 과학에 혁명을 불러일으킨 덴마크의 노벨 물리학 수상자 닐 보어는 자신의 영광을 모두 아버지에게 돌렸다. 코펜하겐 대학의 물리학 교수였던 그의 아버지 크리스티앙 보어는 물리학 분야에서 이룩한 연구 업적 외에도 여러 방면에서 존경받는 인물이었다. 코펜하겐의 지성과 문화를 꽃피운 핵심적 인물이었던 것이다.

닐은 일곱 살 때 초등학교에 입학했는데 늘 붙어다니던 남동생 헤럴드와 떨어져야 한다는 걸 무척 힘들어 했다. 그러던 어느 날 목재 시간에 동생에게 줄 인형극 극장을 만들 기회가 생겼다. 그러나 기뻐하던 것도 잠시, 선생님이 작품을 집으로 가져가지 못하게 하는 바람에 어린 마음에 큰 상처를 입었다. 이 이야기를 들은 보어 교수는 집에 아동용 작업대를 만들고 필요한 장비를 구입해 아이들에게 사용 방법을 가르쳤다. 곧 닐은 새로운 인형극 극장을 만들기 시작했다. 두 아이가 크자 보어 교수는 작업대에 선반을 추가했다. 수작업에 재능이 있는 닐은 금속 작업을 능숙하게 익혔고, 그 기술은 평생 유용한 재산이 되었다.

닐 보어는 아버지를 통해 세계의 다양한 문화와 문학에 대한 관심을 높여가기도 했다. 그는 특히 셰익스피어, 디킨스, 괴테의 작품을 사랑하게 되었는데, 괴테의 《파우스트(Faust)》는 전체를 암기할 수 있을 정도였다. 보어 교수는 과학자뿐 아니라 문학가도 자주 집에 초대해 식사를 했는데, 그 때마다 아이들을 불러 그들이 주고받는, 세계와 자연에 관한 다양한 이야기를 듣게 했다. 훗날 닐은 그 때 들었던 대화들이 자신의 창조적인 정신 계발에 중요한 도움을 주었다고 말했다.

보어 교수는 실험실 벽에 괴테의 시를 붙여 놓았는데, 닐은 진실을 발견할 수 있다는 이 시의 낙관적인 주제에서 많은 용기를 얻었다.

세상과 인생은 점점 넓어지고,

꿈을 성사시키고자 오랜 세월 투쟁하고,

언제나 탐구하고,

언제나 매진하고,

결코 편협하지 않고,

때때로 원숙하고,

진실된 자세로 시간을 절약하고,

우정을 통해 새로운 걸 준비하고,

마음은 고요하고 목적은 순수하다.

이제, 반드시 성과를 얻으리라.

죠셉 앨섭 1세와 아들 죠셉
(Joseph Alsop Sr. and his son Joseph)

죠셉 앨섭은 프랭클린 D. 루스벨트 대통령의 뉴딜 정책이 시작된 이후 베트남 전쟁이 발발할 때까지 약 40년 동안 미국 언론계에서 많은 공로를 세운 언론인이다. 그는 스물일곱 살 때 워싱턴 D.C.에서 처음으로 글을 쓰기 시작했는데, 당시 그의 기사는 전국 신문과 계약을 맺을 정도로 인정 받았다. 그는 연륜을 쌓으면서 여행에 관심을 가져 세계 여행가로도 유명해졌지만, 무엇보다 워싱턴 D.C.에서 권력 구조의 핵심 인물이 되었다.

앨섭은 프랭클린 루스벨트 미국 대통령(제32대) 및 테오도르 루스벨트 미국 대통령(제26대)과 관련이 있는 뉴 잉글랜드의 명문에서 태어났다. 어린 시절 그는 요리사, 잡역부, 하녀, 간호사까지 갖추어진 코네티컷 주의 한적한 아봉 지방에 있는 80만 평의 저택에서 안락한 생활을 했다. 후일 앨섭은 어린 시절 자신이 소중하게 여기던 것은 사회적 지위나 가문의 부가 아니라 교육을 강조하시던 아버지의 말씀이라고 말했다.

"내가 어릴 때, 아버진 아봉의 유권자 가운데에서 학사 학위를 가진 몇 안 되는 사람이었습니다. 말년에는 정치에서 물러나시고 아봉 시 최초의 도시 행정 위원으로 근무하셨지요. …… 아버지는 멋진 학교 건물을 짓는 것과 같은 간접적인 교육 투자보다는 교사의 월급 인상을 최우선으로 처리해야 한다고 주장하셨고, 그 결과 아봉 시의 교육 체계는 코네티컷 주의 마을 가운데 가장 우수하다는 평가를 받았습니다. 훌륭한 교사가 제일 중요한 문제였으니까요.

아버진 잠자리에 들기 전 매일 한 시간씩 책을 읽어 주셨어요. 연극을 좋아하시지 않던 아버지도 그 때만은 극적인 효과를 다해 열심히 책을 읽어 주셨는데, 지금 생각하면 정말 놀라운 일이에요. 우린 아버지와 함께 ≪버드나무에 부는 바람(The

Wind in the Willows)≫과 ≪이상한 나라의 엘리스(Alice's Adventures in Wonderland)≫, ≪뱀 사냥(The Hunting of the Snak)≫으로 시작했고 나중엔 러드야드 키플링 작품과 제목은 기억나지 않지만 고전도 꽤 읽었던 것 같아요. …… 지금 생각해 보면 우리가 휴식을 취할 때 조용히 책을 읽는 습관은 아버지 덕인 것 같습니다."

프랭클린 워렌과 아들 로버트 펜
(Franklin Warren and his son Robert Penn)

미국의 시인, 소설가, 문학 비평가로 알려진 로버트 펜 워렌은 20세기 초 미국 남부 지방에서 자랐다. 그는 1947년 무자비한 남부 정치 세계의 흥망성쇠를 뛰어난 기교로 묘사한 〈왕의 부하(All the King's Men)〉로 퓰리처 상을 받았다. 이후 시 부문에서 인정받아 퓰리처 상을 두 번 더 수상했으며, 1980년 중반에는 미국 최초의 계관 시인이 되는 영광을 차지했다.

그의 아버지 프랭클린 워렌은 아이들이 학문을 가까이하고 즐기도록 격려했는데, 오랫동안 켄터키 읍의 교육위원회에서 근무하기도 했다. 어릴 때는 작가가 되고 싶어했지만 결국 은행가로 성공한 아버지는 아들 로버트에게 '교육은 민주주의를 지탱하는 유일한 기둥'이라며 언제나 교육의 중요성을 강조했고, 귀중한 책과 과학 도구를 마련해 학문적 흥미를 키워 주었다. 또한 개인 교습을 주선하고 공원과 동물원으로 데리고 가서 자연 학습을 하기도 했다. 1989년 워렌은 세상을 떠나기 얼마 전 《아버지의 초상화(Portrait of a Father)》를 발표했다. 그는 다음과 같이 회상한다.

어릴 때는 잘 몰랐지만, 우리 집은 너무 완벽하게 체계가 잡혀 있었다. 저녁이면 어머니는 우리에게 책을 읽어 주셨고, 아버진 한쪽에서 책이나 잡지를 읽으셨다. 나중에 내가 학교에 들어간 후에는 어머닌 동생에게, 아버진 나에게 책을 읽어 주셨다. 지금도 잊혀지지 않는 건 우리가 어떤 질문을 하더라도 진지하게 받아 주시던 아버지의 태도이다.

한번은 시리즈로 된 그리스와 로마 역사책을 읽고서 아버진 누구 편이냐고 물은 적이 있었다. 아버진 내 질문에 대해 진지하게 생각하더니 말씀하셨다.

"그건 진짜 중요한 질문이구나. …… 내 생각엔, 민중들 편에 서는 게 좋을 것 같다."

그 때 난 아버지의 대답에 만족했고 지금도 그렇다.

(운동과 학업의 형평)

테오도르 루스벨트(Theodore Roosevelt)

미국의 제26대 대통령 테오도르 루스벨트는 활동적인 일을 좋아했다. 어린 시절 천식 때문에 몸이 약하고 자주 아프던 그는 안정적인 생활을 해야 한다는 의사의 조언을 무시하고 일부러 힘든 운동과 스포츠를 즐기면서 신체를 단련시키려 노력했다.

그는 미국과 스페인이 전쟁을 하던 당시에 의용 기병대를 조직해 군인으로 활약했고, 이후에는 한 세대를 대표하는 유능한 정치인이 되었다. "말은 부드럽게 하되 행동은 크게 하라."는 말로 유명한 그는 집에서도 한결 같이 아이들에게 언제나 "한번 시작했으면 끝을 봐야 한다."는 말로 격려했다고 한다. 그러나 루스벨트는 신체적인 단련보다 인격과 지성을 더 높이 쌓은 사람이었다.

1903년 10월 당시 대통령이던 루스벨트는 하버드 대학에 갓 입학한 열여섯 살의 아들 테오도르 2세에게 편지를 보냈는데, 이 편지에는 그의 신념이 분명하게 담겨 있다.

미식 축구를 시작했다니 기쁘다. 아버지가 남자다운 운동을 좋아하는 거 너도 알고 있겠지? 그렇지만 운동이 인생의 유일한 목표가 되어서는 안 된다. 학업에 열중하지 못할 정도로 운동에 빠지는 건 바람직하지 않다. 앞으로의 성공을 위해서도 올바른 인격을 기르는 일이 지식이나 신체적 건강보다 훨씬 중요하다는 사실을 다시 한 번 강조할 필요는 없겠지? ……

물론 어느 정도까지는 육체 단련에 힘써야 한다. 그러나 목표를 달성한 다음에는 더 중요한 일을 추구하는 게 마땅하다. 예전에 아버지가 근무한 연대의 병사들 가운데에서 열 명 가운데 아홉 명은 아버지보다 말 타는 솜씨가 뛰어났고, 세 명 가운데 두 명은 아버지보다 사격 솜씨가 좋았다. 그들은 분명 아버지보다 강하고 실력도 뛰어난 군인이었다. 그러나 연대 지휘에 관한 한 아버지가 가장 뛰어나다는 사실을 그들은 물론 아버지 자신도 금방 깨닫게 되었단다.

한 번 더 강조하지만 미식 축구를 시작한 건 정말 기쁘다. 승마, 사격, 경보, 보트 레이스까지 즐기면 더 좋겠지. 그런 즐거움을 놓치면 후회할 게다. 그러나 네가 운동을 전심 전력을 다해 이루어야 할 목표로 생각하지 않았으면 한다.

(지식의 가치)

알렉산더 멜빌 벨과 아들 알렉산더 그레헴
(Alexander Melville Bell and his son, Alexander Graham)

전화 발명가로 유명한 알렉산더 그레헴 벨은 스코틀랜드의 에딘버그에서
태어났다. 그는 아버지 알렉산더 멜빌 벨과 할아버지의 영향을 강하게 받으
며 어린 시절을 보냈다. 알렉산더 멜빌 벨은 농아를 가르치는 교육자였으며
직접 발명을 하기도 했는데, 발명품 가운데는 농아들이 소리 내는 연습을
할 수 있도록 목, 입술, 혀의 위치를 보여 주는 '시각 발성기'라는 상징 코
드도 있었다.

한편, 소년 알렉산더 그레헴 벨에게 가장 큰 영향을 준 사람은 할아버지였
다. 할아버지는 연설 지도 교사였으며 직업 배우이자 극작가이기도 했다.
1862년 할아버지는 할머니를 잃은 데다 몸까지 쇠약해져 자신을 추스르기
도 힘들었지만 굳이 아들을 설득해 손자인 알렉산더를 당신이 사는 런던으
로 데리고 와 직접 교육시키겠다는 의지를 보였다. 당시 열세 살이던 알렉
산더는 학교 성적이 나빴을 뿐 아니라 생활태도도 좋지 않아 부모님이 고
심하고 있던 차였다. 훗날 알렉산더는 할아버지와 보낸 그 몇 달을 '인생의
전환기'로 표현하곤 했다.

할아버지는 알렉산더를 바르게 키우기 위한 계획을 마련했
다. 우선, 런던 최고의 양복사를 불러 알렉산더에게 입힐 정장
을 준비해 놓고 장갑, 비단 중절모와 지팡이까지 완벽하게 신
사 복장을 갖추지 않으면 밖으로 못 나가게 했다.

다음, 알렉산더의 어법과 말투를 교정하기 시작했다. 할아버지는 가벼운 읽을 거리를 금지시키고 대신 교양서를 읽게 했다. 알렉산더는 할아버지와 함께 셰익스피어 희곡을 통독했고, 《햄릿》, 《맥베스》, 《율리어스 시저》와 같은 작품에서 유명한 연설문을 뽑아 외우기도 했다.

그리고 할아버지는 아버지와 달리 알렉산더에게 정기적으로 용돈을 주며 사용처를 일일이 묻지 않고 스스로 관리하게 했다. 이 일은 어린 알렉산더에게 강한 독립심과 책임감을 심어주는 계기가 되었다. 결국 알렉산더는 놀라울 정도로 공부에 흥미를 느끼게 되어 대학 진학 계획까지 세울 정도가 되었다.

1863년 3월 열여섯 살이 되었을 때 알렉산더는 스코틀랜드에 있는 아버지에게 생일 선물과 함께 격려 편지를 받았다.

사랑하는 아들아, 네게 언제나 하느님의 축복이 함께 하고 앞으로도 행복하게 생활하기를 바란다. 가족들이 벽난로 옆에 모여 앉아 네 빈 자리를 볼 때면 그리움으로 슬픈 생각이 들기도 한다. 하지만 네가 할아버지에게 잘하고, 커다란 위안이 될 뿐 아니라 학업에도 열의를 보여 많은 성과를 이루고 있다는 생각을 하면서 마음을 달래고 있단다. 할아버지가 베푼 사랑과 보살핌에 감사하며 살아야 한다.

멜빌 벨의 기대는 생각보다 빨리 실현되었다. 몇 달 후 알렉산더는 인생의 목표를 발견한, 부지런하고 사려깊은 어린 신사가 되어 돌아온 것이다. 후일 알렉산더는 이 일을 이렇게 말했다.

"그 순간부터 친구는 어린아이들이 아니라 어른들로 바뀌었고, 나는 실제 나이보다 어른 대접을 받았다. 할아버지와 함께 보낸 그 시간이 바로 나를 소년에서 어른으로 바꾸어 놓은 것이다."

제임스 러셀 로우엘(James Russell Lowell)

19세기 하버드 대학의 교수였던 제임스 러셀 로우엘은 시인, 편집자로 활동하면서 당대 문학계에 거대한 영향을 미친 인물이었다. 그는 노예 폐지론을 적극 지지했으며, 미국 대사로 영국과 스페인에서 근무하기도 했다.

그러나 로우엘의 개인 생활은 비극의 연속이었다. 마흔 살이 되기도 전에 네 아이 가운데 세 아이와 젊은 아내까지 잃었던 것이다.

1849년 로우엘은 당시 열다섯 살 난 조카 찰스에게 편지를 보냈다. 로우엘의 친구 몇 명은 타고난 재능과 훌륭한 인맥을 가진 찰스를 미국의 차기 대통령감이라고 생각하고 있었는데, 불행하게도 찰스는 남북 전쟁에 참전하여 목숨을 잃었다.

시골 여행은 도시 아이들이 부족한 점을 채울 수 있는 기회이니 최대한 이용하도록 해라. 어린 시절에 그처럼 손쉽게 무언가를 배울 기회도 흔치 않다. 사람의 가치는 그가 가지고 있는 지식의 정도에 따라 정해지는 법이다. 친구도 그들에게 줄 수 있는 지성과 교훈에 비례해서 생긴다. 너도 어른이 되면, 정직한 방법으로 공동의 이익에 기여할 수 없는 사람은 아무도 가까이 하지 않으려 한다는 걸 알게 될 것이다. 남들보다 많은 걸 알고 있는 사람은 분명 많은 걸 줄 수 있는 사람이다. 하찮게 생각되는 것이라도 배워 두면 후일 어디선가 유용하게 쓰이게 된다는 걸 잊지 마라.

그리고 자연은 외상 거래를 혐오한다는 걸 명심해야 한다. 대가를 치르기 전까진 그 어느 것도 얻으려 해서는 안 된다. 물론 대가를 치른다는 말은 그것을 얻기 위해 노동을 해야 한다는 뜻이다. 일할 수 있는 능력이 없다면 아무리 훌륭한 재능이라도 무의미하다. 인내와 끈기는 우리 인생의 항로에서 노와 돛의 역할을 한다. 따라서 아무리 재능이 뛰어난 천재라도 노와 돛이 없다면 물 위를 떠다니는 빈 껍데기에 불과한 법이다.

일에 대한 아버지의 지혜

(두려움을 극복한다면)

윌리엄 포크너 (William Faulkner)

1942년 미국의 저명한 소설가 윌리엄 포크너는 2차 대전에 참전하기 위해 미군에 입대하고자 했다. 〈음향과 분노(The Sound and the Fury)〉와 〈8월의 빛 (Light in August)〉과 같은 작품에 대단한 자부심을 갖고 있던 포크너는 조국을 위해 봉사하고 싶었던 것이다. 조종사가 되기엔 마흔네 살의 나이가 너무 많다고 스스로도 인정했지만 조종사 자격증도 가지고 있었기 때문에 공군에서 복무하기를 희망했다. 그의 동생 잭도 방첩대 장교로 임관되어 곧 영국으로 떠날 예정이었다. 그래서 포크너는 국방부 관리와 면접을 하기 위해 워싱턴으로 갔지만 실망스럽게도 포크너의 입대는 받아들여지지 않았다. 다음 해 포크너는 전투기 조종사 훈련을 받고 있던 조카이자 제자인 제임스에게 가슴 뭉클한 편지를 보냈다.

비행은 멋진 것이고, 앞으로 점점 더 좋아질 것이다. 그러나 비행을 즐기기 위해선 반드시 살아남아야 한다는 걸 명심해라. 너를 조종사로 키워 준 조국에 보답하려면 두 개의 벽을 넘어야 한다. 첫 번째 벽은 무모함이다. 사실 많은 조종사들이 그 벽을 넘지 못하고 실패한다. 딘 삼촌도 그 점에서 실패했다고 할 수 있다.

다음으로 넘어야 할 벽은 두려움이다. 두려움은 때로 무모함과 동시에 일어나기도 한다. 이것은 무모함이라는 벽을 넘지 못했을 뿐 아니라 그 벽을 넘기엔 이미 늦었다는 걸 의미한다. 그러나 두려움이 무모함의 결과가 아니라면 걱정하지 않아도 된다. 너는 지금까지 많은 것을 배웠고 새로운 것을 배울 능력이 있다. 그러니 이젠 두려움이 무엇인지를 알아야 한다. 두려움을 이길 방법을 알아야 한다는 말이다. 두려움을 느낄 수 없는 사람은 바보 멍청이에 불과하다. 용감한 사람은 두려움을 모르는 사람이 아니라, 바로 마음속으로 '나는 두렵다. 그렇기 때문에 빨리 할 일을 결정하고 실행에 옮기려고 한다'고 말하는 사람이다.

너도 곧 겪게 될 것이다. 비행을 하는 사람이면—그리고 쓸모없는 인간이 아니라면—누구에게나 일어나는 일이니 말이다. 그렇지만 무서워서 덜덜 떨 필요는 없다. 두려움이 다가오면 침착하게 받아들이고 이겨내면 된다. 스스로에게 이렇게 말해라. '나는 두렵다. 나는 내 심장이 이렇게 두근거리고 두려움에 입술이 타들어 가는 것이 싫다. 그렇지만 나는 이 손과 발로 무엇을 해야 하는지 안다. 이제 곧 머릿속으로 할 일을 정리하여 어떤 행동을 취해야 할지 알게 될 것이다. 내 머리는 심장이나 입술에서 일어나는 느낌을 무시한 채 냉정하게 판단할 것이다.'

부디 잘 해 내길 바란다. 네게 모든 것을 가르쳐 줄 조종사는 없다. 매일매일 열심히 노력하며 스스로 파악해야 한다. 그렇지만 훌륭한 조종사가 전하는 말은 기억해 두어라. 이미 알고 있는 상황이라면 위기에 봉착해도 침착하게 행동에 옮길 수 있을 것이다.

앞에서 얘기한 이 두 가지 벽이 네 앞을 가로막을 거라는 사실을 명심해라. 첫 번째 무모함을 극복하면 두 번째도 해결할 수 있다. 미리 예상하고 그 일이 일어날 때 용감하게 맞서 극복하도록 해라. 그리고 내게도 알려 주렴. 두려움이 참으로 걱정스럽긴 해도 아직 두려움 때문에 누굴 죽였다는 소리는 한 번도 못 들었다. 두려움을 인정할 정도로 현명한 사람이라면 두려움을 느낄 때 이미 안전한 길을 모색하게 된다. 오랜 훈련으로 다져진 반사 능력과 타고난 감각이 너를 올바른 길로 인도하리라 믿는다.

잭 삼촌과 네 아버지는 이제 너무 늙어 너와 같은 일을 할 수 없단다. 나는 이 곳에 남아 너희들이 다시 조국의 품으로 돌아올 날까지 민간인으로 할 수 있는 모든 일을 다 할 것이다. 그러니 너 역시 네가 해야 할 일을 열심히 훌륭하게 해 내거라. 행운을 잡으려고 애쓰지 마라. 기쁜 마음으로 훈련에 참가하고 강사들이 전해 주는 모든 것을 듣고 보고 가슴속 깊이 익히고 너 자신을 믿도록 해라.

(계획하고 선택한다면)

찰리 채플린 (Charlie Chaplin)

찰리 채플린은 여배우 리타 그레이를 두 번째 아내로 맞아들였지만 이 결혼은 비참한 말로를 맞았다. 1927년 채플린은 미국 법률 역사상 최대 금액인 120만 달러를 찰리 2세와 시드니 두 아이의 양육비로 지급하는 데 동의함으로써 이혼 소송에 합의했다. 이혼 후 처음 몇 년 동안 채플린은 아이들을 거의 만나지 못했다. 그런데 1932년 여름 리타가 〈작은 선생님(The Little Teacher)〉이라는 새 영화에 출연하면서 두 아이를 배우로 데뷔시킬 계획을 세웠다.

그 때까지 프랑스에 있던 두 아이는 영화에 출연하기 위해 뉴욕으로 오자마자 기자들에게 카메라 세례를 받았다. 기자들 앞에서 일곱 살 난 찰리 2세는 훌륭한 배우가 돼 카우보이 역을 맡고 싶다는 소박한 소망을 밝혔고, 여섯 살 난 시드니는 미키 마우스가 될 거라고 했다. 그러나 채플린은 불같이 화를 내며 두 아이가 영화에 출연하지 못하도록 해 달라는 탄원서를 법원에 제출했고, 이후 진행된 사전 심의에서 승소하게 된다. 그 소식을 들은 두 아이는 실망을 감추지 못하고 엉엉 소리내어 울었고, 채플린은 아이들을 다독거리며 진지하게 타일렀다.

너희가 정말 배우가 되고 싶다 해도 지금 연기를 시작하는 건 최악의 결과를 가져올 게 뻔하다. 너희는 아동 배우로 낙인이 찍히게 되고 어느 정도 나이가 차서 그 이미지에 맞지 않으면 곧 버림받게 될 것이다. 그러면 다시 성인 배우로 완벽한 재기를 해야 하는데, 사람들의 뇌리에는 어릴 적 귀여운 모습이 먼저 떠오르기 때문에 그것 역시 어려울 수밖에 없다. 그러나 어른이 된 후에도 배우가 되고 싶다면 그 때는 반대하지 않겠다.

후일 두 아들은 아버지의 조언에 감사했다고 한다. 그렇지만 당시에는 서운한 감정이 앞섰는데, 그도 그럴 것이 같이 연기할 여배우가 유명한 아역 스타 셜리 템플이었던 것이다.

(자신의 이상에 충실하려면)

프랭크 로이드 라이트(Frank Lloyd Wright)

프랭크 로이드 라이트는 미국이 낳은 최고의 건축가이다. 그의 뛰어난 상상력은 건축계에 실로 지대한 영향을 미쳤다. 제2차 세계 대전 후까지 70년 동안 계속되는 건축 인생은 다양하고 독특한 건축 양식으로 가득하다. 라이트는 일곱 명의 아이를 두었는데, 그 중 여섯 명은 그의 지도 아래 건축가가 되었다. 둘째 아들 존은 특히 아버지의 작품을 존경해 후일 회고록 《지구 위에 서 있는 아버지(My Father Who Is on Earth)》를 쓰기도 했다. 존이 1920년대에 급성장하던 시카고에서 건축 일을 시작하자, 라이트는 아들의 가슴을 울리는 편지를 보냈다.

창조적인 노력을 할 때는 아무리 사소한 것이라도 소홀히 하면 안 된다. 하찮게 여겼던 부분이 전체를 망칠 수도 있기 때문이다. 따라서 훌륭한 건축물을 창조하는 데 가장 중요한 조건 가운데 하나는 끝까지 경계심을 늦추지 않는 자세라고 할 수 있다.

그리고 좋은 건축가가 되려면 배짱도 있어야 한다. 물론 건축을 할 때는 고객의 이러저러한 요구를 충족시키기 위해 노력해야 한다. 그러나 고객 대부분은 원칙적으로 자신에게 필요한 게 무엇인지 잘 모르기 때문에 그 요구 사항은 한순간에 변할 수도 있다. 그러나 주인이 그 건물을 유익하게 사용하도록 만들어 주어야 한다는 사실은 변하지 않는다. 그렇게 하기 위해 무엇이 필요한지 잘 알고 있는 사람은 바로 건축가 자신이다.

진정한 건축가라면 작품에 자신의 의도를 충분히 반영하지 못했을 경우 아무리 궁핍하다 하더라도 과감히 대금을 거부할 용기가 있어야 한다. 마음속으로 구상한 아이디어와 원리가 효과적으로 표현되지 못한 건축물은 존재할 가치가 없다. 그러니 신중하게 생각하도록 해라. 존, 건축가가 된다는 건 결코 쉽지 않단다.

(직업을 결정할 때는)

셜우드 앤더슨 (Sherwood Anderson)

20세기 미국의 소설가, 편집자, 시인으로 다양한 활약을 한 셜우드 앤더슨
은 작품 속에서 반유물론을 성공적으로 그려냈다는 격찬을 받았다. 작품으
로는 〈와인스버그, 오하이오 (Winesburg, Ohio)〉 외 다수가 있다. 그러나 가
족들과 주고받은 편지에서는 문학적 기교보다 퉁명스러움이 더 눈에 띈다.
다음은 1926년 아들 존이 직업 선택을 고민하고 있을 때 앤더슨이 보낸 편
지로, 마지막 결정을 내리기 전에 신중할 것을 당부하면서도 내심 예술가의
길을 택하지 않기를 바라는 마음이 엿보인다.

직업을 결정하는 건 물론 중요한 문제다. 아버지가 자신있게
할 수 있는 말은 생계 유지가 가능한 일을 선택해야 한다는 것
이다. …… 과학 분야는 오랜 교육과 집중적인 연구가 필요하
지만 네 적성에 맞다면 그만큼 좋은 직업도 없을 거라고 생각
한다. 어쨌든 결정은 스스로 내려야 하겠지.

반면, 예술은 다른 직업보다 커다란 충족감을 느낄 수 있다
고 흔히들 생각하지만, 불확실한 직업이다. 예술을 하면 생계
를 꾸려나가기가 힘들어진다는 말이다.

만약 아버지에게 인생을 다시 시작할 기회가 주어진다면 역

시 작가의 길을 택할 것 같다. 그렇지만 우선은 열심히 일해서 돈을 버는 방법을 배우고 싶다. 노동을 하면서 느끼는 만족감보다 더 좋은 것은 없으니까.

우선, 생각은 깊지 않으면서 두서없이 말만 지껄이는 사람들의 충고를 멀리해라. 돈 좀 모았다고 주위 사람들이 치켜세우는 말에 들떠서 '날 보시오. 나처럼 하면 됩니다' 하고 말하지만, 그들은 성공했다고 착각하는 사람에 불과하다.

직업 다음으로 중요한 것은 훌륭한 인격을 키우는 일이다. 이것은 어려울 뿐 아니라 서두른다고 되는 일도 아니다. 그런 수준에 오른 사람도 드물고. 하지만 일단 일정한 수준에 오르면 완전히 다른 세상을 누릴 수 있다.

조엘 챈들러 해리스 (Joel Chandler Harris)

19세기 중반 조지아 주 시골 지방에서 태어난 조엘 챈들러 해리스는 〈레머스 아저씨 이야기(Uncle Remus Stories)〉로 유명해졌는데 주로 토끼, 여우, 곰, 늑대와 같은 동물을 소재로 재미있는 모험 이야기를 발표했다. 원래 출판과 언론 분야에서 일을 시작한 해리스는 흑인들의 방언을 성공적으로 담아 낸 첫 번째 소설가로 평가된다.

해리스는 여섯 명의 자녀를 두었는데, 그 가운데 두 명은 어렸을 때 병으로 잃었다. 1890년 그는 열다섯 살 난 아들 줄리앙을 멀리 캐나다 퀘벡에 계시는 외할아버지, 외할머니에게 보내 몇 달 지내게 했다. 줄리앙이 떠난 후 부자는 편지로 소식을 주고받았다. 다음은 줄리앙이 그 해 11월에 받은 편지로 학업과 직업 선택에 대한 아버지의 따뜻한 관심을 느낄 수 있다.

그 곳 사람들이 흔히 쓰는 사투리, 특히 서민들이 쓰는 말을 그때그때 기록해 둬라. 후일 문학에 발을 내딛게 되면 아주 중요한 자원이 될 것이다. 그리고 설사 다른 길을 간다 하더라도 재미있는 경험으로 남지 않겠니? 겉으로 보기에 하찮아 보이는, 말 속에 담긴 조그만 분위기들을 놓치지 말고 적어 두어라.

또 한 가지, 아버지가 하는 제안이나 의견을 너무 심각하게 받아들이지 않았으면 좋겠다. 도덕적인 문제라면 모르겠지만, 직업을 결정할 때 다른 사람의 충고만 믿고 따른다는 건 있을 수 없는 일이기 때문이다. 아버지가 할 수 있는 것이라곤 내가 직접 경험한 내용을 너에게 알려 주는 정도에 불과하단다. …… 어떠한 종류의 유혹이 다가와도 견뎌낼 수 있는 강한 의지를 기르기 바란다. 그러면 직업에 대한 고민도 자연스럽게 풀릴 것이다. …… 넌 여러 면에서 사람들에게 깊은 인상을 줄 수 있는 독특한 개성을 지니고 있다. 그러니 조금 더 나이가 들면 스스로 어떤 길을 선택하는 게 좋을지 알게 될 것이다.

존 에딩턴 시먼즈(John Addington Symonds)

존 에딩턴 시먼즈는 빅토리아 여왕 시대의 유명한 작가이다. 건강이 좋지 않아 평생 힘든 생활을 했지만 전기, 철학, 문학 비평, 해외 여행 등에 관해 많은 책을 저술했고 독자들에게 열광적인 반응을 얻기도 했다.

시먼즈는 아버지의 역할을 대단한 즐거움으로 여겼다. 세 딸에게 언제나 그림책과 아름다운 말이 가득한 시집을 안겨 주었고, 딸들은 아버지를 가장 가까운 친구로 여겼다. 큰딸 쟈넷이 아직 어린아이였을 때 그는 말 한 마리를 선물로 주고 쟈넷과 함께 승마를 즐기곤 했다. 아이들 학교 교육에 만족할 수 없었던 그는 집에서 직접 공부를 봐줬는데, 무엇보다 창조적인 예술과 운동을 강조했다.

1889년 11월 스위스를 여행하던 시먼즈는 스무 살이 된 딸 마가렛에게 격려의 편지를 보냈다. 마가렛이 미술 선생님이 되기 위해 노력하고 있을 때였다.

인생은 문학이나 예술이나 과학에 비해 우리가 생각한 이상으로 더 크고, 깊고, 어렵고, 흥미있고 감동적이다. 그걸 알기에 네가 이번 겨울에 소망한 것을 이루지 못하더라도 이 아버지는 실망하지 않을 것이다.

흔히들 예술은 길고 인생은 짧다고 말하지만 아버지가 보기에 인생은 예술의 깊이를 충분히 이해할 수 있을 만큼 길다.

하지만 처음에는 지루하고 때로 실망스러울 수도 있다. 뛰어난 그림을 그리고 싶겠지만, 이번 겨울에 모든 걸 얻으려고 하면 안 된다. 이런 얘길 하는 이유는 널 실망시키려는 게 아니라 격려하고 싶어서다. 고개를 들고 주위를 둘러보아 네가 진정 원하는 게 무엇인지 생각해 보아라. 그런 후 지금 하고 있는 일을 그만 두고―물론 쉬운 일은 아니겠지만―학생 생활로 돌아가겠다는 결정을 내린다 하더라도 아버지는 네 결정에 찬성하겠다. 나는 언제나 너를 믿는다. 아무리 힘든 상황이라 하더라도 그것은 네가 인격을 형성하는 과정이라 생각하기 때문이다.

해리 트루먼(Harry Truman)

미국의 33대 대통령 해리 트루먼은 대통령 재직 당시 원자폭탄 투하, 연합군의 제2차 세계 대전 승전, 냉전 시작, 한국 전쟁 등 많은 역사적 사건이 발생했고 힘든 상황에 훌륭히 대처해 나갔다. 그러나 정작 트루먼이 역사가들에게 높은 평가를 받은 건 1952년 대통령 임기를 끝낸 후였다.
트루먼은 1924년 태어난 외동딸 마가렛과 아주 가깝게 지냈다. 1947년 2월 트루먼은 직업 가수가 되려는 딸에게 편지를 보내 솔직하고 따뜻한 충고를 했다.

네가 하는 일이 조금씩 성과를 보이면 좋겠구나. 만족스러운 결과를 얻으려면 엄청난 노력이 필요한 법이다. 나 역시 그런 과정을 수없이 겪었기 때문에 자신있게 말할 수 있다.

계약을 할 때는 네가 받을 것과 주어야 할 것을 확실히 따져 본 후 신중하게 결정해야 한다.

아버진 너의 안녕과 행복한 미래를 위해서라면 어떤 일이라도 기꺼이 할 생각이다. 그러나 훌륭한 이름과 명예는 이 세상의 모든 보석을 합친 것보다 더 소중하다는 사실만은 명심하도록 해라. 셰익스피어는 '내 지갑을 훔친 사람은 쓰레기를 가져간 것이지만 내 이름을 훔친 사람은 나를 완전히 궁핍으로 몰아넣고, 자신에겐 아무 쓸모없는 걸 가져간 셈이다'라고 말했다. 이름과 명예의 소중함을 역설한 훌륭한 표현 아니겠니? 훌륭한 이름과 충고, 아버지가 줄 수 있는 건 이것뿐이구나.

(예술가가 되려면)

존 버틀러 예이츠와 아들 윌리엄
(John Butler Yeats and his son William)

화가 존 버틀러 예이츠는 아일랜드에서 오랫동안 작품 활동을 한 후 1900
년대 초에 미국 뉴욕 시로 자리를 옮겼다. 창조적인 사색가였던 그는 영감
이 뛰어난 아들 윌리엄에게 많은 영향을 주었다. 윌리엄은 후일 시인으로
노벨 문학상을 수상했으며, 극작가로도 성공했다.
1914년 예이츠는 일흔다섯의 나이에도 불구하고 여전히 왕성한 활동을 펼
치고 있었는데, 당시 아일랜드 더블린에 살고 있는 아들 윌리엄에게 편지를
보내 진정한 예술에 관한 견해를 피력했다.

예술은 꿈의 세계이며, 시인은 윤리와 도덕에 빠져들거나 과
학적 사고를 시작하는 순간 모든 음률을 잃고 그 꿈의 세계를
잊어버리게 된다. 그러면 그 때부터 시인의 자격을 잃게 되지.
이 사실만은 가슴속 깊이 새겨두고 명심해야 한다.

우리는 최선의 상태일 때, 다시 말해 가장 우리다울 때 꿈의
세계에서 살 수 있다. 아내와 자식을 사랑하는 사람, 슬픔에서
헤어나오지 못하는 사람, 즐겁게 춤추며 신나게 놀고 있는 아
이들―이 모든 것이 꿈, 꿈, 꿈이다. 공부하는 학생, 전쟁터에

서 피흘리는 군인, 정답게 이야기하는 친구들—이 역시 꿈의 세계다. 그러면 저 멀리 지평선에서 보이는 현실은 점점 더 멀어지게 되겠지.

인생의 활력이 분노나 증오심에 사로잡힐 때 우리는 순간적으로 현실을 깨닫게 되고, 우리의 마음과 목소리는 격렬한 논쟁을 벌일 때처럼 음률을 잃게 된다. 그리고 도덕적인 사상에 분노가 조금씩 배어나오기 시작한다. 분노에 의해 사라져간 시가 얼마나 많은지 생각해 보아라.

시인은 마술사다. 시인이 할 일은 꿈을 끊임없이 일깨워 주는 것이다. 시인이 타고난 재능과 기교로 창조한 세계는 너무도 완벽하고 아름다워 언제라도 현실을 능가할 힘을 가지고 있다. 여기서 우리는 한 가지 이상한 점을 발견하게 된다. 시인 그리고 시인이 창조한 세계가 꿈에 불과하다는 사실을 우리 모두 알고 있으면서 속아 준다는 점이다. 그렇게 하지 않으면 오히려 그 세계를 잃고 만다. 우리는 두 눈을 크게 뜨고 모든 의지와 힘을 모아, 우정과 사랑으로 뭉쳐 꿈의 세계를 창조해야 한다.

그것을 현실이라고 단언하는 순간, 논리와 기계적 감각과 이성과 갖가지 무미건조한 힘을 아무리 집중하더라도 우리는 결국 감옥에 갇히고 만다. 꿈의 세계는 사라지고 끔찍한 유령만 남게 되는 것이다.

(훌륭한 작가란)

헨리 제임스(Henry James)

헨리 제임스는 미국 문학계는 물론 영어권을 통틀어 최고의 명성을 쌓은 소설가이다. 오십 년 이상 소설에만 몰두한 그는 총 스무 편의 소설을 집필했고, 유명한 작품으로는 《미국 사람(The American)》, 《유럽 사람(The Europeans)》, 《워싱턴 광장(Washington Square)》, 《여인의 초상화(The Portrait of a Lady)》 등이 있다.

제임스는 평생 독신으로 살아서 자식이 없었지만 동생 로버트슨의 장남인 에드워드와 아주 가깝게 지냈다. 1896년 2월 하버드 대학에서 작가가 되기 위해 공부하고 있던 에드워드는 소설가로 명성이 자자한 삼촌에게서 다음과 같은 격려 편지를 받았다.

길고 힘든 수습 과정을 부디 성공적으로 마치기 바란다. 힘든 만큼 분명 달콤한 결실을 이루게 될 것이다. 이제부터 모든 것을 직접 경험해야 한다. 그 경험 하나하나가 네 성장의 밑거름이 되고 영혼을 밝혀 주는 기쁨이 될 것이다. …… 행동할 가치가 있는 것 가운데 쉬운 일이란 없다. 자신에게 주어진 인생을 자연스럽게 살아가면 된다.

그러나 훌륭한 작품을 완성하는 일은 다르다. 예술은 예술이다. 모든 기회를 통해, 어떻게든 이 사실을 깨달아야 한다.

　가능하면 많은 책을 읽어라. 아니, 모조리 다 읽어라. 열심히 관찰하고 직접 경험하고 느껴야 한다. …… 우리는 끔찍할 정도로 야비한 세상에서 살고 있다. 객설과 잡담이 가슴 답답할 정도로 우릴 내리누르고 있다. 그런 허튼 소리를 곧이곧대로 받아들여선 안 된다. 최대한 경멸하며 멀리해야 한다.

　완성한 작품이 있으면 이 삼촌에게도 보내다오.

클리브 루이스(C.S. Lewis)

옥스포드 대학 교수였던 클리브 루이스는 《나니아 이야기(The Chronicles of Narnia)》를 비롯한 공상 소설과 종교를 주제로 한 수필을 발표해 독자들에게 많은 공감을 얻었다. 자녀는 없었지만 그는 헌신적인 대부였다. 또한 제2차 세계 대전이 끝나고 종교 작가로 유명해진 이후에도 세계 곳곳에 있는 많은 젊은이들과 자식에게 아버지의 사랑을 전하는 마음으로 편지를 주고받았다.

루이스는 자신의 이야기가 아이들에게 많은 관심을 끈다는 사실을 깨닫고, 그들이 인생과 종교에 대해 물을 때마다 책임감을 느끼며 진지하게 대답해 주었다. 특히, 가까운 펜팔 친구 가운데 조안이라는 미국 소녀가 있었는데, 루이스가 예순다섯의 나이로 세상을 마감하기 전까지 몇 년에 걸쳐 수십 통에 달하는 편지를 서로 주고받았지만 실제로 만난 적은 단 한 번도 없었다.

한번은 조안이 글을 잘 쓰는 비결에 대해 묻자 루이스는 다음과 같은 답장을 보냈다.

1. 전달하고자 하는 내용을 명확하게 표현해라. 누가 읽어도 같은 장면을 떠올릴 표현을 사용해야 한다.

2. 길고 애매한 말보다는 쉽고 직설적인 말을 사용해라. '약속을 실행에 옮기다'가 아니라 '약속을 지키다'는 식으로 말이다.

3. 추상 명사를 피하고 최대한 구체적인 명사를 사용해라. '사망자 수가 올라갔다' 대신 '사람이 많이 죽었다'는 식으로 표현하면 된다.

4. 독자에게 어떤 느낌을 받아야 한다고 알려 주는 단어를 사용하지 마라. 다시 말해, 어떤 일이 '끔찍하다'고 독자에게 말하지 말고 독자가 끔찍하다고 느끼도록 만들어야

한다. '즐겁다'고 말하는 대신 독자들이 그 글을 읽으면서 '즐겁다'고 느끼게 만들어라. 무서운, 굉장한, 끔찍한, 절묘한 — 이런 말은 독자들에게 '대신 해 달라'고 말하는 것에 불과하다.

5. 상황을 지나치게 과장하는 단어를 사용하지 마라. '아주'라는 말을 해야 할 때 '대단히'란 말을 쓰면 안 된다. 정작 '대단한' 상황을 묘사해야 할 때 쓸 말이 없어지게 되기 때문이다.

연애와 결혼에 대한 아버지의 지혜

(결혼은 좋은 것이다)

로버트 브라우닝 (Robert Browning)

로버트 브라우닝은 영국 빅토리아 여왕 시대의 위대한 시인이다. 그는 아버지의 격려에 힘입어 다섯 살 때부터 책을 읽기 시작했다. 아버지 로버트 브라우닝 1세의 서재에는 없는 책이 없는, 말 그대로 지식의 보고였다. 브라우닝은 이 곳에서 몇 시간씩 책 속에 파묻혀 지내면서 작가가 되겠다는 꿈을 키웠다고 한다.

브라우닝의 아내 엘리자베스 버렛 브라우닝 역시 명망 있는 시인이자 수필가였다. 둘 사이에는 로버트 버렛 브라우닝이라는 아들이 있었는데, 역시 작가의 꿈을 키웠지만 오랫동안 노력했음에도 불구하고 기반을 잡지 못해 힘들어 하고 있었다. 1887년 늙고 상처한 브라우닝은 결혼을 앞두고 있는 서른여덟 살의 아들에게 편지를 보냈다.

어느 모로 보나 너와 잘 어울리고, 언제나 자상하게 너를 대할 숙녀를 만나, 드디어 결혼까지 하게 되었구나. 정말 다행이다. 이보다 현명하고 좋은 선택은 없을 거라 생각한다.

이 아비에게는 네 행복보다 중요한 게 없다는 사실을 너도 잘 알 거다. 최근 몇 년 동안 네게 강요된 삶은 언제나 힘들게 느껴지고 심지어 위험스러워 보이기까지 했다. 물론 나름대로 보람 있는 생활이었겠지만, 그 삶이 작가 수업에 아무리 큰 도움을 주었다 해도, 나에겐 그리 중요하게 보이지 않는다. 세상의 이치로 볼 때, 나이가 들어서까지 그런 생활을 계속하는 건 바람직하지 않다. '가정'이 없다는 건 슬픈 일이다. 가정이 있으면—지금 네 아내 될 사람과 함께 꾸밀 그런 행복한 가정이 있으면—지금과는 비교도 되지 않을 정도로 훌륭한 일을 훨씬 쉽고 훨씬 빨리 이룰 수 있을 것이다. 아버지는 이번 결정에 절대적인 지지를 보낸다.

(성급한 결혼은 위험하다)

워싱턴 어빙 (Washington Irving)

워싱턴 어빙은 유럽에서 처음으로 대중적인 인정을 받은 미국 소설가이다. 가장 널리 알려진 작품으로는 웃음과 해학이 담긴 《립 밴 윙클(Rip Van Winkle)》과 《슬리피 홀로우의 전설(The Legend of Sleepy Hollow)》이 있다. 독립 전쟁 당시 뉴욕 시에서 태어난 어빙은 처음에는 변호사로 일하다 직업을 바꿔 작가가 되었다. 한동안 유럽에서 살기도 했으며 말년에는 미국 외교관으로 스페인에서 근무했다.

어빙은 결혼을 얼마 앞두지 않은 상태에서 약혼녀를 잃고 크게 마음의 상처를 받아 평생 독신으로 살았다. 자식이 없던 그는 조카들에게 많은 사랑을 베풀었고 자주 왕래하며 편지도 주고받았다. 1829년 5월 어빙은 조카 에드가와 함께 스페인 전역을 여행한 후, 에드가에게 젊음과 사랑에 대해 신중하라는 내용의 편지를 보냈다.

단순한 쾌락과 겉치레에 시간을 낭비하지 마라.

전에도 이야기한 적이 있지만, 젊은이들이 흔히 범하는 실수를 반복하지 않기를 한번 더 당부한다. 가정을 꾸려나갈 수 있는 경제력과 확실한 가능성이 생기기 전에는 결혼이라는 상황에 휩쓸리면 안 된다는 말이다. 지금 네가 특별히 마음을 주고 있는 사람이 없으니 미리 당부해 두는 것이다.

나는 젊은이가 일단 사랑에 빠지면 신중하고 분별력 있게 행동하기 힘들다는 걸 잘 알고 있다. 요새 젊은이들은 돈 한 푼 없어 굶어 죽을 상황이라도 사랑한다는 이유 하나로 그냥 결혼을 하더구나. 또, 로맨스 소설이 그런 사랑을 그럴듯하게 묘사해 마치 당연한 것처럼 생각하게 만들기도 하더구나.

　그렇지만 에드가, 생계 수단을 마련하지 않고 성급하게 결혼하면 곧 지치게 된다. 자신의 재능을 펼쳐 부와 명성을 얻을 수도 있는 젊은이가 하루하루 먹을거리를 구하기 위해 몸부림쳐야 하는 힘들고 불안한 생활에 매이게 되기 때문이다. 그런 답답한 일상 생활이 계속되다 보면 사랑이라는 아름다운 꿈은 금방 물거품처럼 사라지고 말지 않겠니?

레오폴드 모차르트와 아들 볼프강 아마데우스 모차르트
(Leopold Mozart and his son, Wolfgang Amadeus)

레오폴드 모차르트는 잘츠부르크 출신의 가난한 음악가로 존경을 받긴 했지만 왕실의 2류 악사에 만족해야 했다. 이런 그가 아들 볼프강 아마데우스의 놀라운 음악적 재능을 확인했을 때 신이 내린 선물로 생각하고 아들의 지도자로 자신의 역할을 겸허하게 받아들인 건 어쩌면 당연한 일이라 할 수 있다.

그는 볼프강의 인생과 음악에 절대적인 영향력을 행사했다. 볼프강이 스물두 살 때 열여섯 살의 궁정 가수 알료시아 웨버를 만나기 전까지는. 그러나 사랑에 빠진 볼프강은 알료시아와 결혼하겠다고 성화를 부렸고, 그녀가 성공할 수 있도록 도와서 함께 행복한 가정을 꾸리겠다고 말했다.

레오폴드는 사랑에 눈 먼 아들이 재능을 내던져 결국 자신뿐 아니라 부모도 비참하게 만들 수 있다는 생각에, 성급한 결혼은 밥 달라고 조르는 아이들과 좁은 다락방에서 우글거리며 사는 비참한 생활로 끝나기 십상이라고 경고했다. 1778년 2월 아들에게 보낸 편지에 이 같은 따가운 충고가 담겨 있었다.

억압받는 사람을 돕고자 하는 네 마음은 바로 이 아비가 물려 준 것이다. 그렇지만 네가 우선 관심을 가져야 할 일은 바로 네 부모의 안녕이다. 부모에게 등을 돌린다면 넌 결국 타락하게 될 것이다. 네가 우리를 떠날 때 말할 수 없이 비참한 심정으로 마차 옆에서 널 지켜보던 아비의 모습을 생각해 보아라. 그 때 나는 아픈 몸에도 불구하고 새벽 2시까지 네게 필요한 모든 걸 일일이 준비해 짐을 쌌고, 또 새벽 6시에 널 배웅해 주었다. 그런데도 네가 결혼을 하겠다면, 그렇게 잔인할 수 있다면, 우리를 버려라. 파리로 가서 돈과 명성을 얻고, 충분히 쓸 만큼 돈을 벌면 이태리로 가서 오페라를 작곡하고, ……. 마음대로 하려무나.

볼프강이 아버지의 충고를 받아들였는지 어떤지는 알 수 없지만 결국 알료시아가 청혼을 거절하는 바람에 그녀와의 결혼은 실패하고 말았다. 그러나 4년 후 그는 또 다시 열렬한 구애를 거쳐 알료시아의 여동생 콘스탄자와 결혼했다.

(결혼은 현실이다)

구스타브 플로베르(Gustave Flaubert)

구스타브 플로베르는 프랑스 문학사에서 가장 유명한 소설가이다. 특히 눈앞에서 펼쳐지는 듯 생생하고 낭만적인 이야기 구성과 사실주의적인 뛰어난 문체의 《보바리 부인(Madame Bovary)》은 그의 작품 중에서도 첫 손가락에 꼽힌다. 노르망디의 한 마을에서 벌어지는 부정한 사랑을 주제로 한 《보바리 부인》은 출판 당시 커다란 사회적 반향을 불러일으켰으며, 부정한 주제를 다뤘다는 이유로 비평가들에게 외설적이고 부도덕하다는 비난을 받았다.

다음 편지는 1867년 7월 플로베르가 질녀 캐롤라인에게 전한 사랑과 결혼에 관한 충고다. 두 사람은 아주 절친한 사이여서 서로 주고받은 편지를 1906년에 책으로 출판할 정도였다. 당시 열여덟 살의 캐롤라인은 미술 선생님에게 반해 이성을 잃고 있었는데, 그 소식을 들은 플로베르가 다음과 같은 편지를 통해 현실적인 충고를 해 주었다.

너 자신을 다시 한 번 돌아보고 마음과 영혼의 소리에 귀를 기울여, 그 사람이 과연 너에게 행복을 가져다 줄 사람인지 숙고해 보아라. 한때의 감정이나 들뜬 기분만으로 세상을 살 수는 없다. 게다가 평범한 중산 계급의 생활이 따분해지면 그땐 어떻게 행복하게 살 수 있겠니?

내 사랑하는 조카가 가난한 사람과 결혼한다는 건 너무 끔찍해서 두 번 다시 생각하고 싶지도 않다. 캐롤라인, 분명히 말하지만 삼촌은, 재주는 뛰어나면서 무일푼인 사람보다 식료품 가게 주인에 불과해도 생활이 넉넉한 사람이 네 신랑이 되기를 바란다.

지성이나 교육 수준이 너보다 뛰어난 남편을 찾기는 힘들 것이다. 만일 뛰어난 지성은 물론 너에게 필요한 모든 것을 소유한 사내라면 내가 직접 당장 달려가서 조카사위로 삼았을 것이다. 그래, 너보다 훌륭한 사람을 남편으로 택하는 건 옳다. 그렇지만 널 무시하는 사람은 안 된다. 어떻게 그런 사람과 행복하게 살 수 있겠니? 바로 이게 가장 중요한 문제란다.

지그문트 프로이트(Sigmund Freud)

지그문트 프로이트는 성(性)이 인간의 성격을 결정하는 가장 중요한 요소라는 주장으로 현대 심리학에 일대 돌풍을 일으켰다. 후기에 발표한 철학서에서는 인간 본성에 대해 한층 더 냉소적이고 신랄한 견해를 피력하기도 했다. 프로이트는 자신의 의견에 반대하는 사람에게 언제나 경멸로 일관했기 때문에 평생 원만하지 못한 인간 관계로 힘들어 했다. 그러나 여섯 아이의 아버지로는 놀라울 정도로 따뜻하고 부드러운 사람이었다.

1908년 스물한 살이 된 장녀 마틸드는 만성 질환을 앓고 있었다. 평범한 외모에 혈색까지 창백한 그녀는 결혼 상대가 나타나지 않을까봐 불안해하고 있었다. 프로이트는 마틸드가 오스트리아 시골에서 요양을 하는 동안 따뜻한 위로의 편지를 보냈다.

네 외모가 아름답지 않다는 이유만으로 결혼 상대를 만나지 못할까 걱정하고 있는 것 같은데……, 마틸드야, 이런 문제 앞에선 상식도 무력해지나 보구나. 그렇지만 그런 네 모습을 지켜보는 아버지는 미소를 머금을 수밖에 없단다. 아버지 눈에는 한없이 매력적인 숙녀이니 말이다. 게다가 여자의 운명을 결정하는 것은 외모가 아니라 성격이란다. 거울을 보거라. 네 얼굴이 아주 잘생긴 건 아니지만 못생긴 것도 아니잖니? 그리고 지난 일을 곰곰이 생각해 보렴. 지금까지 넌 모든 사람의 존경과 관심을 받아오지 않았니? 아버지는 네가 너 자신 때문에 불행해지는 일은 없을 거라고 확신한다. 그런 면에선 너도 마음을 놓기 바란다. 나는 오히려 네가 내 딸이라는 사실 때문에 상처받을까 걱정스럽다.

아버지가 결혼 상대를 고를 때는 존경할 만한 인물을 배출한 가문이거나 화목한 분위기의 가정을 가장 중요하게 생각했단다. 나는 나와 같은 생각을 가진 젊은이가 아직 있다고 믿는다. 현명한 젊은이라면 아내 될 사람을 고를 때 어떤 점을 중요하게 생각해야 하는지 분명히 알고 있을 것이다. 온유하고, 쾌활하고, 재능 있는 아내를 맞이한다면 누구보다 행복하고 아름다운 삶을 살아갈 수 있을 테니 말이다.

지그문트 프로이트의 충고가 조금은 구시대적인 것처럼 보이지만, 마틸드에게는 상당히 고무적인 영향을 준 것 같다. 마틸드는 이 편지를 받고 채 1년도 지나지 않아 비엔나 출신의 사업가 로버트 홀리체써와 결혼했고, 프로이트 가족은 그를 따뜻하게 맞아들였다.

로버트 프로스트 (Robert Frost)

로버트 프로스트는 미국 현대시를 대표하는 인물이다. 그의 시 〈가지 않은 길〉처럼, 그는 늘 색다른 선택을 했다. 처음에는 다트머쓰 대학을, 이후에는 하버드 대학을 중퇴하고, 결국 뉴햄프셔의 시골로 들어가 농부의 길을 택하는 바람에 가족을 적잖이 실망시키기도 하였다. 프로스트는 그 곳에서 36,000평에 이르는 농장을 마련했다. 힘든 노동을 했지만 아내 엘리노와 함께 네 아이를 기르며 평범하고 행복한 생활을 했다.

가족들은 프로스트를 친근하게 '롭'이라고 불렀다. 가정적이던 그는 특히 아이들과 많은 시간을 보냈는데, 집이 시내에서 멀리 떨어져 있어 아이들이 열 살이 될 때까지 학교에 보내지 않고 집에서 아내와 함께 직접 글을 가르쳤다. 그들은 공부 시간을 '놀이 시간'이라고 불렀고, 이 놀이 학교는 매일 오전 10시에 열렸다. 프로스트가 밭에서 일하는 동안 아이들은 뒤를 따라다니며 아버지가 '식물 연구'라고 하는 농사일을 지켜보았고, 그러면 프로스트는 아이들에게 갖가지 꽃의 이름을 가르쳐 주었다. 저녁이 되면 가족들은 식탁에 둘러앉아 하루 일과를 얘기했다.

로버트 프로스트가 뉴햄프셔로 이사한 직후에 태어난 레슬리 프로스트는 세 살 때 벌써 타자를 치고 어려운 글자도 철자 하나 틀리지 않고 쓸 정도로 똑똑했다. 네 살 무렵에는 책을 읽기 시작했고, 다섯 살 때는 수필을, 여덟 살 때는 문학 비평을 쓰기도 했다. 열 살 때는 이미 중학교 1학년으로 진학했다.

레슬리는 저녁을 먹은 후 아버지와 함께 잠깐씩 산책하던 그

'저녁 시간'을 이렇게 말한다.

"우린 아버지와 함께 노을이 지는 모습을 바라보았고, 새들이 잠자러 가는 소리를 들었고, 힐라 브룩(Hyla Brook)을 따라 펼쳐진 들판에서 피어오르는 부드러운 안개 내음을 맡곤 했어요. 그리고 집으로 돌아와 응접실에 둘러앉아서 아버지가 읽어주는 책 속에 빠져들곤 했죠. 정말 하루도 거르지 않았어요."

레슬리가 버나드 대학에 입학한 다음에 프로스트는 자주 편지를 보냈다. 주제는 물론 다양했다. 라틴어와 같은 어려운 수업을 따라가는 방법—균형을 잃지 말아야 한다. 중요한 건 점수가 아니니까—에서 테니스를 멋있게 치는 기술에 이르기까지 많은 이야기를 주고받았다.

1918년 10월 한 중년 남자와 단둘이 오후에 뱃놀이를 즐겼다는 딸의 편지를 받은 프로스트는 서둘러 답장을 보냈다.

내가 그 곳에 있지 않았으니 물론 상황을 정확히 알 수야 없지만 휠러 씨가 너와 단둘이 뱃놀이를 한 일이 옳았다고는 생각할 수 없구나. 앞으로 어떤 일이 발생할지 알 수 없기 때문이다. 상황을 지나치게 해석해 의심을 하거나 심지어 사악한 생각까지 하는 사람도 있기 마련이니, 물론 그런 사람 편을 드는건 아니지만, 무엇보다 처음부터 그런 일을 만들지 않는 게 현명하다는 생각이 든다.

가장 좋은 방법은 관습을 따르는 게 아닐까 생각한다. 남녀가 만날 때 생길 수 있는 위험을 방지하기 위해 사람들이 세워 둔 몇 가지 간단한 규칙을 준수하는 것 말이다. 다시 말하면, 남자와 만날 때는 정숙하게 행동해야 한다. '네 아버지가 될 정도로 나이가 많은' 사람과 함께 있을 때면 더욱 조심해야 한다. 세상은 언제나 우리 생각과 다르게 흘러갈 수 있다는 걸 명심해라. 나는 네가 네 아버지처럼 형식에 구애받지 않는 사람까지 걱정으로 잠 못 이루게 만들 일은 하지 않으리라 믿는다.

그라우쵸 막스(Groucho Marx)

그라우쵸는 코미디 〈철없는 막스 형제(Marx Brothers)〉로 대중에게 널리 알려져 있다. 약간 도발적으로 치켜뜬 눈썹, 테 없는 안경, 짙은 콧수염에 시가를 사방으로 흔들면서 빠르게 내뱉는 말투 등이 그라우쵸 하면 떠오르는 모습이다. 그는 처음 보드빌 쇼와 영화에서 시작해 이후 텔레비전까지 진출했고, 독특한 개성을 발휘해 40년 이상 관객들에게 꾸준한 사랑을 받았다. 두 아이의 아버지인 그라우쵸는 개인 생활에서도 특이한 점이 많았다.

그의 아들 아써는 아버지에 대해 이렇게 말한다.

"아버지는 저와 동생 마리엠을 자식이라기 보다 절친한 친구로 대했어요. 사업뿐 아니라 결혼 생활의 어려움까지 솔직하게 털어놓곤 했으니까요. 우린 다른 사람이 이해할 수 없는 우리만의 농담을 주고받았어요. 게다가 아버진 특별히 부적합한 환경이 아닌 한 어디든 우리를 데려가고 싶어하셨어요.

또 한 가지, 아버진 우리를 허물없이 대하는 걸 좋아했어요. 그래서 때로는 별뜻 없이 한 말이나 우연한 사고에도 정말 심하다 싶을 정도로 몰아세우기도 하셨고, 뭐, 차츰차츰 그런 편한 생활이 일상처럼 된 거죠. …… 아버진 희극 배우라기 보다 익살꾼이나 그야말로 소박한 철학가라고 하는 게 더 잘 어울릴 겁니다."

그라우쵸처럼 아들 아써도 학교를 싫어했다. 그러나 그는 청소년 시기에 배우로 성공할 수 있는 좋은 기회도 뿌리치고 테니스 선수가 되었고, 전국 시합에 출전하기도 했다. 1940년 여름 그라우쵸는 특유의 기지와 아이러니를 동원해 아써에게 편지를 보냈다.

　너는 대단한 테니스광이니 틀림없이 호화로운 생활을 즐기고 있겠구나. 난 네가 그 생활을 계속할 수 있기만 바랄 뿐이다. 신문을 보니까 어제 세인트 루이스에 비가 오는 바람에 호텔에 갇힌 채 보통 다섯 번 하는 식사를 여섯 번으로 늘렸다지? …… 이제야 안 사실이지만 테니스 선수의 아버지가 되는 게 그리 좋은 것만은 아니더구나. 말도 붙이고 싶지 않은 사람이 수백 명씩 떼거리로 몰려와서는 지난번 토너먼트에서 네가 왜 이겼는지, 아니면 왜 졌는지 갖가지 이유를 늘어놓기 시작한다. 물론 나도 내 아들이 운동 선수로 성공하는 데 깊은 관심을 가지고 있긴 하지만 하루에 열두 시간씩 그 이야기만 하고 살아야 할 정도로 열성을 보일 수는 없지 않겠니? 그래서 요즘은 사람들이 너에 대해서 물을 때마다 '아직 몰랐소? 걘 테니스 그만두고 스쿼시로 바꿨는데.' 하고 말한단다. 이 얘길 듣는 사람마다 보통 당황하는 게 아니더구나. 아직 스쿼시는 하찮은 운동이라고 생각하는 사람이 많으니까 그런가 보지?

　목요일 아침 여덟시에 전보를 받고 네가 홍역에 걸려 씨브라이트의 호텔에 투숙하고 있다는 걸 알았다. 그쯤이면 테니스 투어에도 꽤 진력이 났겠지? 그렇지만, 어쩌겠니, 그게 인생인걸. 인생이라는 여행을 하다 보면 이런저런 짜증스런 일이 생기기 마련이다. 거기에 적응하거나 아니면 서서히 미쳐가게 되는 거지.

　그건 그렇고, 네가 몸조리를 하는 동안 보살펴 줄 숙녀를 만

났다니 기쁘구나. 분별력 있게 처신하도록 해라. 모든 걸 너의
판단에 맡긴다.

성공에 대한 아버지의 지혜

(도전과 끈기)

안드리아 쿠오모와 아들 마리오
(Andrea Cuomo and his son Mario)

12년 동안 뉴욕 주의 주지사를 역임한 마리오 쿠오모는 특유의 유창한 말솜씨로 자신이 노동 계급 출신임을 자랑스럽게 이야기하곤 했다. 그의 아버지 안드리아 쿠오모와 어머니 임마쿨라타 쿠오모는 네오폴리탄 출신으로 1920년대 후반 미국으로 이민왔다.

정규 교육을 제대로 받지 못한 안드리아 쿠오모는 몇 년 동안 하수도 청소를 하며 돈을 모아 여러 인종이 섞여 사는 뉴욕 시에 식료품 가게를 차렸다. 후일 마리오 쿠오모는 이렇게 말했다.

"아버지는 24시간 내내 영업을 했습니다. 1932년 제가 태어날 무렵에는 아침이면 샌드위치를 만들어 공사장 인부들에게 팔았고, 저녁에는 밤참을 만들어 길 건너 공장에서 야간에 근무하는 사람들에게 팔았습니다. …… 하지만 아버진 그 어떤 일보다 자식들을 가장 소중하게 여겼습니다. 우리를 위한 일이라면 물불을 가리지 않으셨죠."

1982년 마리오 쿠오모는 뉴욕 주의 주지사 선거에 출마해 당선되었다. 선거를 며칠 앞두고 지칠 대로 지친 데다 불안해 잠을 이루지 못할 때는 아버지를 생각하며 힘을 얻었다고 한다. 12년 후 그는 ≪마리오 쿠오모의 일기(The Diaries of Mario Cuomo)≫에 이렇게 썼다.

연필을 찾느라 책상 서랍 뒤쪽에 놓인 종이들을 뒤지다가 우연히 낡은 명함 하나를 찾았습니다. 우리가 아버지한테 만들어 드린 명함이었습니다. *안드리아 쿠오모, 이탈리아·미국 식료품, 신선한 수입품 있음'* 그 때 아버지가 얼마나 좋아하셨는지 모릅니다. 비록 명함을 쓸 일은 없었지만 갖고 있다는 사실 하나로 좋아하셨습니다. 아버지는 명함 하나를 붉은 벨벳 천이 깔린 작은 금박 액자에 넣어서 침대 옆 탁자 위에 올려놓으셨습니다. 어머니도 아버지처럼 액자에 넣어서 찬장 제일 잘 보이는 곳에 두셨습니다.

차마 입에 담은 적은 없었지만, 만일 내가 지쳤다고, 자신이 없다고 말하면 아버지가 뭐라고 하셨을지 정말 궁금합니다. 하지만 나는 지치고 자신이 없을 때마다 아버지가 어려운 상황에 부딪쳤을 때 어떻게 하셨는지를 생각했습니다. 그러면 수십 수백 가지 생각이 머릿속을 스쳐 지나갑니다. 아버진 일생을 어려운 문제와 부딪치며 사셨기 때문입니다. 그렇습니다, 아버지는 언제나 힘든 상황을 헤쳐나가야 했습니다.

그 가운데 특히 뇌리에 강하게 남아 있는 일이 한 가지 있습니다.

우리가 가게 뒷방에서 살다가 홀리스우드로 이사간 지 얼마 안 될 때였습니다. 생전 처음으로 우리 집을 가진 것이지요. 집 주위에는 땅도 조금 있었고 나무도 있었습니다. 12미터 가량의 거대한 가문비 나무는 특히 눈에 띄었습니다.

홀리스우드는 언덕이 많은 곳입니다. 우리 집은 도로에서 삼 사백 미터 위쪽 모퉁이에 있었습니다. 그래서 길을 가다 보면 푸른 가문비 나무가 마치 파수처럼 거대한 몸을 드러낸 모습이 제일 먼저 눈에 띄었습니다.

그런데 이사한 지 일주일도 지나지 않아 폭풍이 심하게 불었습니다. 그 날 밤 가게에서 돌아와 보니 가문비 나무가 쓰러져 있었습니다. 뿌리가 거의 다 뽑힌 채 앞으로 넘어졌는데, 어찌나 컸던지 나무 끝이 도로 한가운데에 닿아 있을 정도였습니다. 형 프랭키와 나는 나무에 대해 아는 게 하나도 없었습니다. 물론 하루 종일 나무를 오르락내리락하며 놀기는 했습니다. 그 정도는 누워서 떡먹기였으니까요. 철조망이 달린 담장 꼭대기 까지 올라가기도 했습니다. 그렇지만 나무에 대해서 실제로 아는 건 하나도 없었습니다. 그래서 처참한 모습으로 쓰러진 나무를 보니 마음이 무거웠습니다. 하지만 아버지는 아니었습니다.

아버지는 키가 약 170 센티미터 정도입니다. 몸무게는 밥을 제때에 먹을 때는 약 70 킬로그램 정도이구요. 그리고 시력은 안경을 잘 닦았을 때 한 블록 정도 떨어진 물체를 구별할 수 있을 정도였습니다. 그렇지만 아버지는 형, 나, 마리, 어머니 모두를 합친 것보다 강했습니다.

우린 도로에 우두커니 서서 비를 맞으며 나무를 내려다보며 어떻게 해야 할지 생각하고 있는데 갑자기 아버지가 말씀하셨습니다.

"좋아, 이 녀석을 세우자."

"무슨 말이에요, 아버지? 뿌리가 다 뽑혔다구요."

"조용히 해. 다시 세우는 거야. 그럼 다시 자랄 거다."

우리는 무슨 말을 해야 할지 몰랐지만 안 된다고 할 수는 없었습니다. 아버지라서가 아니라 너무 확신에 찬 아버지의 모습에 차마 입이 떨어지지 않았기 때문입니다.

그래서 우린 아버지를 따라 집으로 들어가서 밧줄을 찾아 아스팔트에 누워 있는 나무 꼭대기를 묶었습니다. 난 아버지와 함께 집 옆에서 밧줄을 잡아당기고 형은 비를 맞으며 도로에서 거대한 가문비 나무를 일으켰습니다. 그리고 얼마 지나지 않아 우린 나무를 다시 세웠습니다.

비가 계속 내렸지만 아버지는 뿌리가 단단히 박히도록 나무 뿌리가 있던 곳을 삽으로 팠습니다. 그리고 다시 진흙을 나무에 덮고 돌들을 가져다 나무 밑동에 놓아 고정시킨 다음에 말뚝을 박아 밧줄로 나무 기둥과 연결했습니다. 한두 시간쯤 흘렀을까? 다시 고개를 들어 나무를 쳐다보니, 나무는 밧줄에 지탱한 채 똑바로 서 있었습니다.

아버지는 그 모습을 보고 "걱정하지 마라, 다시 자랄 테니."

하고 말씀하셨습니다.

　아버지의 명함을 보니, 갑자기 울고 싶은 생각이 들었습니다. 요즘 그 집을 지나가다 보면 거대하고 꼿꼿하게 서 있는 푸른 가문비 나무가 시선을 잡아끕니다. 그 후, 단 한 번도 아스팔트 위로 쓰러진 적이 없다는 듯 하늘로 꼿꼿하게 솟구쳐 오른 나무.

　나는 다시 한 번 아버지의 위대함을 느끼며 겸손한 마음으로 명함을 넣은 다음 서랍을 닫았습니다. 그리곤 다시 선거 유세판에 힘차게 뛰어들 힘을 얻었습니다.

토마스 에디슨(Thomas Edison)

'먼로 공원의 마법사', 독학으로 세계 최고의 발명가로 성공한 토마스 에디슨. 그는 평생 동안 가족에게 많은 시간을 할애하지 못한, 전형적인 기업가이자 과학자였다. 그러나 국제적인 인정과 명성을 얻은 후에는 젊은 과학자들에게 마치 아버지처럼 따뜻하고 때로는 엄중한 조언을 해 주었다.

1909년 1월 새로 고용한 연구원이 당시 쉰여섯 살의 에디슨에게 순진하게 물었다.

"선생님, 실험실에서 지켜야 할 규칙은 무엇입니까?"

그 질문에 에디슨은 엄한 목소리로 젊은이의 마음을 휘어잡는 대답을 다음과 같이 해주었다.

"뭐라고 했나, 규칙? 여긴 규칙 따위는 없어! 우린 지금 대단한 걸 이루겠다는 생각으로 이렇게 애쓰고 있어. …… 자넨 운을 믿나? 내 평생 행운을 잡았다고 생각한 적은 한 번도 없네. 난 운 따윈 믿지 않아, 행운이든 불운이든. 사람들은 몇 가지 시도해 보다가 안 되면 그만두고 말지. 그렇지만 난 내가 목표한 걸 손에 쥘 때까지 절대로 포기하지 않았어. 그게 사람들이 운이 좋다고 부르는 나, 에디슨과 스스로 운이 나쁘다고 생각하는 다른 과학자들 사이의 유일한 차이점이야.

사람들은 내가 지금까지 이룩한 성과를 '천재성' 덕분이라고 생각하지만 그건 사실이 아니야. 목표를 향해 끊임없이 도전하는 끈기와 보통의 머리를 가진 사람이라면 누구라도 나만큼 해낼 수 있어. 노력도 하지 않는데 저절로 만족스러운 발명품이 생겨날 거란 기대 따윈 하지 마. 그런 일은 없어. '천재는 1퍼센트의 영감과 99퍼센트의 땀으로 이루어진다'는 내 말 자네도 들었을 거야. 그래, 천재는 노력 그 자체야."

(성공을 위한 자세)

찰스 디킨즈(Charles Dickens)

19세기 영국 최대의 문호 찰스 디킨즈는 독자들에게 많은 사랑과 찬사를 받았다. 그는 작품 〈올리버 트위스트(Olive Twist)〉와 〈대유산(Great Expectations)〉에서 무관심한 세상에서 스스로의 자리를 찾기 위해 고전분투하는 아이들의 삶을 생생하게 그려 냈다. 디킨즈는 열 명의 아이를 두었는데 가지 많은 나무에 바람 잘 날 없듯 평생 아이들이 부딪치는 갖가지 문제를 해결하는 데 매여 있었다 해도 과언이 아니었다.

1868년 9월 열여덟 살의 막내 아들 에드워드는 새 삶을 찾아 오스트레일리아로 떠났다. 그 때 이미 늙고 허약해진 디킨즈는 아들을 다시 볼 수 없을 거라는 직감이 들어 다음 편지를 전했다. 그것은 정말 부자간의 마지막 만남이 되었다.

　내가 널 얼마나 사랑하는지, 이렇게 헤어져야 하는 게 얼마나 가슴 아픈지 굳이 말로 표현하지 않아도 잘 알고 있을 게다. 인생의 반은 이별이니 이런 고통 역시 참아야 하겠지. 드디어 네게 어울리는, 새로운 삶을 시작한다는 생각을 하니 그래도 위안이 된다. 여기서 공부를 하거나 사무원으로 일하는 것보다 오스트레일리아라는 낯선 나라에서 자유롭게 의지를 펼치고 사는 게 더 잘 어울린다는 생각이 든다. 비록 경험이야 없지만 인생이란 직접 부딪치며 알게 되는 것이니 부디 열심히 하길 바란다.

어떤 일을 하더라도 비열한 방법으로 이익을 취하지 말고 아래 사람을 함부로 대하지 마라. 네가 대접받기를 원하는 만큼 그들을 대우하고, 때로 사람들에게 푸대접을 받는다 해도 너무 상심하지는 마라. 신이 내려 주신 위대한 규율을 네가 아닌 다른 사람이 어겼다는 걸 오히려 다행이라고 생각하려무나…….

이 점과 관련해 한 가지만 더 당부해 두자. 진심으로 내면이 풍부한 사람은 밖으로 내세우지 않는 법이다. 자신을 돌아보고 사색에 잠기다 보면 많은 위안을 얻을 수 있을 게다.

언제나 좋은 아버지로 기억해 주면 좋겠구나.

마하트마 간디 (Mahatma Gandhi)

현대 인도의 아버지이자 정신적 지도자 간디는 성년이 된 후 많은 시간을 남아프리카에서 보냈는데, 인종 평등과 비폭력 저항 운동을 벌이는 과정에서 남아프리카 공화국 정부에게 심한 탄압을 받았다. 1909년 간디는 감옥에서 조국 인도에 있는 아들 마니엘에게 격려의 편지를 보냈다.

네 아이 중 둘째인 마니엘은 어렸을 때 장티푸스로 목숨을 잃을 뻔한 적이 있었지만 당시는 열일곱 살의 건강한 청년으로 생계를 떠맡아 열심히 일하고 있었다. 마니엘은 후일 세계적으로 존경받고 있는 아버지와 함께 신문 편집자이자 민주 운동가로 활약하면서 영국의 지배에 저항해 인도의 독립을 위해서 헌신했다.

어떻게 지내고 있니? 아버지가 네 작은 어깨에 지워준 짐이 무겁긴 하지만 넌 그 일을 충분히 해 낼 능력이 있고, 또 기쁜 마음으로 견디어 내고 있다는 걸 알고 있다. 그러나 네가 느끼는 부족 만큼 내가 이끌어 주지 못해 미안하구나. 너도 교육을 부실하게 받았다고 느낄 때가 있을 거다. 하지만 마니엘, 아버지는 여기 감옥에서 많은 책을 접한다. 에머슨, 러스킨, 우파니샤드……. 참으로 많은 책을 읽고 있단다. 책을 읽을수록 교육이란 지식을 쌓는 게 아니라 인격을 쌓는 과정이라는 확신이 생긴다. 자신의 의무를 아는 것이 진정한 교육이라는 말이다.

우리가 마냥 즐거운 시간을 보내는 것은 세상을 전혀 모른 채 순진무구할 때만 가능하다. 하지만 열두 살 정도가 지나면서 이 세상에 대해 서서히 눈뜨기 시작하면 무엇보다 먼저 책임에 대해 배워야 한다. 모든 아이에게 진실, 생명의 존엄성, 생각과 행동의 절제를 가르쳐야 한다. 물론, 짜증스러운 훈련과 연습을 통해서가 아니라 자연스럽게 체득하는 과정이어야 하겠지. 그래, 즐거움 그 자체라면 더욱 좋을 게다. 이 얘길 하니까 고향 라콧에 있을 때 본 아이들 생각이 나는구나.

　아버지가 너보다 어릴 때 가장 즐거웠던 일은 할아버지를 보살피는 거였다. 아버지 역시 열두 살이 지난 후로는 즐거움을 모르고 살았다. 앞서 언급한 세 가지 덕을 수행하고 체득하는 과정이 바로 네가 부족하다고 느끼는 교육을 완성시켜 나가는 과정이라고 생각한다. 이 세 가지 덕을 지닌 사람은 세상 어디를 가도 음식을 나눠 줄 동지를 만날 수 있을 뿐 아니라, 자신의 영혼과 신에 대한 진실한 깨달음을 얻게 될 것이다.

위대한 로렌조 (Lorenzo the Magnificent)

1492년, 크리스토퍼 콜롬버스의 미국 발견 외에 또 하나의 획기적인 일이 있었다. 미국 발견보다 일곱 달 앞서 열여섯의 조숙한 젊은이가 배타적이라고 소문난 종교 단체 '추기경단'에 정식으로 입회한 것이다. 그 젊은이가 바로 지오반니 드 메디치로, 부유한 은행가 로렌조의 세 아들 가운데 차남이었다. 로렌조는 언제나 '위대한'이라는 수식어가 따라다닐 정도로 당대 사람들에게 많은 존경을 받았는데, 그것은 플로렌스가 이탈리아에서 가장 강력하고 세계 최고의 미를 자랑하는 지방으로 발전하는 데 그의 힘이 주요하게 작용했기 때문이다.

어느 날 지오반니가 의례에 참석한 후 숙소에 가니 아버지가 보낸 편지 한 통이 도착해 있었다.

너는 추기경단에서 제일 어릴 뿐 아니라 지금까지 추기경의 지위에 오른 사람 가운데에서도 가장 어리다. 따라서 언제나 조심하고 겸손한 태도를 갖추어 다른 사람들이 먼저 와서 너를 기다리게 하는 일은 없도록 유의해라.

이제 곧 그 곳 형제들에 대해 알게 될 것이다. 존경하지 못할 사람이라 판단되면 가깝게 지내지 않도록 해라. 그런 상황 자체도 좋지 못하지만 이제부턴 다른 사람의 시선도 고려해야 하기 때문이다. 공개 석상에 나설 때는 수행원의 숫자나 옷차림이 너무 지나치지 않도록 신경을 써라. 괜찮은 집 한 채와 규율이 잘 잡힌 식솔들이면 충분하지 않겠니? 아마 수십 명에 이르는 시종과 호화 저택보다 더 좋을 게다.

규칙적인 생활을 몸에 익히고 지출을 조금씩 줄여라. 새로 출범한 추기경단 내에서 전혀 예상치 못했을 정도로 검소한 생활을 하면 좋겠다. 비단과 보석은 네 지위에 어울리지 않는다.

차라리 점잖은 고품 몇 점을 갖추고 좋은 책을 수집하는 게 나을 게다. 수행원 숫자를 늘리기 보다는 그들의 교육과 안녕을 보살피는 것이 옳으며, 바로 그 속에서 네 품위는 진정한 빛을 발할 것이다. 초대를 받기 보다 먼저 초대하는 사람이 되어야 하겠지만, 지나치게 잦은 초대 역시 예의에 어긋난다.

네게 특별히 당부하고 싶은 말이 있다. 아침 일찍 일어나라는 부탁이 바로 그것이다. 일찍 일어나면 건강에 좋을 뿐 아니라 하루의 일과를 조직적으로 신속하게 정리할 수 있다. 각종 의식과 학습과 접견을 비롯해 아주 분주한 생활을 보내야 할 터이니, 이 습관을 익혀 두면 앞으로 많은 도움이 될 게다.

마르틴(Martin of Padilla and Manrique)

16세기 후반, 유럽의 강대국이던 스페인은 영국, 프랑스, 터키 사이에서 동맹과 경쟁 관계를 반복하고 있었다. 국가의 전통을 중요시한 스페인 국왕 필립 2세는 종속국에 대한 군사적 통제에도 관심을 보이고 있었다. 1580년 그는 질서 확립을 위해 포르투갈에 군대를 보냈고, 1591년에는 그라나다로 출병 명령을 내렸다.

당시 스페인 카스틸리아 주의 총독 마르틴은 1596년 5월 군인으로 활동하기 시작한 아들 후안에게 격려의 편지를 보냈다.

네가 그렇게 영광스러운 직업을 선택했다는 사실이 이 아비는 얼마나 고마운지 모르겠구나. 이제 너는 스스로 분별력만 잃지 않는다면 많은 것을 이룰 수 있는 위치에 오른 셈이란다.

언제 어디서 어떤 일을 하더라도 하느님이 항상 지켜보고 계신다는 사실을 잊으면 안 된다. 그런 마음가짐을 가지고 있을 때 비로소 명예를 얻을 수 있는 법이니 말이다.

다음으로, 자유에도 정도가 있다는 사실을 명심해야 한다. 자칫 잘못하면 자유가 아니라 방종이 될 수도 있기 때문이다. 너 자신뿐 아니라 다른 사람도 마찬가지다. 독특한 차이를 무시한 채 무조건 똑같은 양의 자유를 허락하는 게 좋은 것만은 아니다. 각자의 필요와 의무를 먼저 고려해야 한다.

어떤 일을 하든지, 상황을 신중히 고려하고 앞으로 일어날 여러 가지 가능성에 대해 현명한 판단을 내리도록 해라. 부하들이 위험한 상황에 처하지 않도록 경계를 늦추지 마라. 돈과 노력과 기지로 뭔가를 이룬다 해도 군인 한 명이 생명을 잃는다면 그 군인과 유가족에게는 아무런 의미가 없기 때문이다.

결코 서둘러 부를 얻으려 하지 마라. 그런 능력을 갖추고 있다 해도 말이다. 급격한 변화는 종류를 불문하고 오래 가지 못하는 법이며 그 때문에 명예와 생명과 영혼까지 잃을 수 있기 때문이다.

훌륭한 군인은 언제나 모범을 보여야 한다. 너처럼 높은 지위의 군인이라면 당연히 더욱 세심한 주의를 기울여 행동에 잘못됨이 없어야 한다. 행여 네 자신도 갖고 있는 결점을 다른 사람이 갖고 있다 하여 그를 비난하는 일이 없도록 해라. 그리고 용감하고 덕있는 군인들과 가까이 하도록 해라. 그런 사람이라면 너를 사랑과 진실로 대하며 네가 결코 수치스러운 상황에 빠지지 않도록 도와줄 것이다.

뒤에서 너를 이중 인격자라고 비난하는 자가 있을 수 있다는 것 역시 명심해라. 사람들이 뭐라 한다고 중간에 일을 그만 두면 안 된다. 혹시 잘못을 저지른 사람이 있다 해도 선의로 용서하기 바란다. 그러면 네 마음속에서 스스로 악을 피하게 될 것이다.

진실이 담긴 책을 읽고, 덕이 담긴 대화에 귀를 기울여라. 옳지 않은 방법을 사용하면 설사 세상을 얻는다 해도 네 영혼을 잃게 되기 때문이다. 나는 네가 그런 값비싼 대가를 절대 치루지 않기를 바랄 뿐이다.

(강인한 정신)

루이스 코치와 아들 에드워드
(Louis Koch and his son Edward)

12년간 뉴욕 시 시장을 역임한 에드워드 코치는 정치나 일상 생활에서 한결같이 성실하게 타인의 조언에 귀를 기울이는 개방적인 태도로 임했다. 1989년 관직을 떠난 후에도 인기 라디오 토크쇼 진행자, 신문 칼럼니스트, 맨하탄의 일류 변호사로 왕성한 활동을 하고 있다.

코치는 1920~30년대 뉴욕 시의 빈민가에서 자랐다. 성인이 된 후 농담조로 얘기하듯이, '한 빈민촌에서 다른 빈민촌으로' 옮겨 다녔다. 그의 아버지 루이스 코치는 폴란드와 유대인 부모 사이에서 태어나 미국으로 이민을 왔으나 영어는 잘 못 했다. 루이스 코치는 어릴 때부터 장사를 시작해 미국에 온 후에는 모피 상점을 차렸으나 너무 영세했고 대공황이 시작되자마자 문을 닫고 말았다.

보통 사람들 눈에는 아무 것도 이루지 못한 사람으로 보였을지 모르지만 그의 자녀들에게는 이 세상 그 누구보다 소중한 존재였고, 언제나 용기와 근면을 가르치려고 노력한 아버지였다. 후일 에드워드 코치는 자서전 《평범한 시민이셨던 우리 아버지(Citizen Koch)》에서 이렇게 회상했다.

브롱스를 떠날 때 나는 일곱 살이었다. 그 땐 마치 새로운 세계가 시작되는 것 같았다. 새로 태어난 누이동생, 새로 생긴 아파트, 새로 생긴 이웃 ……. 아마 아버지도 똑같은 느낌을 받았을 것이다. 아버진 모피 사업에서 손을 떼고 거의 무일푼 상태로 외삼촌 가게에서 일을 받아 생계를 꾸릴 수밖에 없는 처지였다. 루이스 외삼촌은 뉴어크(Newark)에서 '크루거 회관(Kruger's Auditorium)'이라는 댄스 홀을 운영하고 있었는데, 아버지에게 휴대품 보관소를 빌려 주셨다. 그러나 그 일만으로는 생계를 유지할 수 없어, 아버지는 맨하탄의 모피 공장에서 일용 노동자로 일해야 했다. 심지어 직업을 세 가지나 가지고 계신 적도 있었다.

그래서 나는 어린 시절의 아버지를 생각하면 일하시는 모습만 떠오른다. 주말에는 새벽 두시 반까지, 평일에는 자정까지 손님들 외투를 보관하고, 매일 새벽 네시에 일어나 뉴욕에서 일을 하기 위해 아침 기차를 타거나 그것도 안 되는 날이면 다른 일용직 노동자들보다 빨리 일자리를 구하려고 바삐 집을 나서는 모습 등……

아버지는 평생 열심히 일하셨고 그렇게 터득하신 윤리를 나에게 물려주셨다. 아버지에게 배운 게 또 하나 있다면 바로 잠을 적게 자면서 버텨내는 것이다. 지금까지 나는 매일 아침 다섯시 반에 일어난다. 그렇지만 아버진 나보다 더 강인하셨다. 네시 반에 일어나셨으니까.

(위험을 감수하는 용기)

콜린 파월(Colin Powell)

자메이카에서 이민 온 가난한 부모 밑에서 자란 콜린 파월이 미국의 합참 의장으로 지명되었을 때 언론에서는 그의 사회적 성공을 대서특필했다. 그러나 세 명의 아이를 둔 아버지로서의 모습은 별로 알려지지 않았다. 그는 자서전 《나의 미국 여행(My American Journey)》에서 흥미로운 이야기를 풀어 놓았다.

아내 엘마와 난 성인이 된 아이들이 부모인 우릴 어떻게 생각하는지, 어린 시절에 겪은 그 많은 추억 가운데에서 어떤 일을 기억하고 어떤 일이 기억 저편으로 사라졌는지 전혀 모른다. ……

'돈으로 사랑이나 인기, 명성, 업적을 살 수는 없다' 나는 이렇게 믿고 있으며 아이들에게도 그렇게 가르쳤다. 그래서 용돈을 줄 때면 특히 주의했다. 열두 살까지는 일주일에 2달러씩 주었다. 아이들이 부족하지도 않았지만 언제나 많은 걸 바라지 않도록 가르쳤다. 물론 크리스마스나 생일같이 중요한 날에는 커다란 선물을 해 줬지만.

마이크가 사춘기가 되자 인생에 대한 기초 지식을 가르쳐 줄 때가 됐다는 생각이 들었다. 그런 문제라면 나는 솔직한 편이었는데, 얼마나 효과가 있었는지는 모르겠다. 어느 날 밤 나는 마이크의 방에 들러 《소년과 성(Boys and Sex)》이라는 제목의 책을 건넸다. 그러자 마이크가 제목의 의미를 물었다. 그래서 나는 "그냥 읽어 봐. 모르는 게 있으면 나한테 물어보고." 하고는 방을 나왔다.

　　아이들이 열여섯 번째 생일을 맞이할 때면, 나는 성공과 실패를 먼저 경험한 인생 선배로서 나름대로 인생의 교훈과 지혜를 정리한 편지를 써 주었다. 물론 마이크에게도 편지를 썼다. 다음은 그 편지의 일부이다.

　　"너는 이제 아동기를 지나 성인의 길로 접어들었다. 앞으로 네가 어떤 모습으로 살아갈지 결정할 시기가 되었다는 의미다. 네 앞에는 많은 유혹이 존재한다. 마약, 술, 반항 ……. 그러나 너는 옳고 그른 것을 구별할 줄 안다. 이 아버지는 너의 판단력을 믿는다. 실패를 두려워하지 말고 열심히 노력하지 못함을 두려워해라. 기회를 활용하고 위험을 감수해라. 물론 무모하게 행동하라는 뜻이 아니다. 설사 실패한다 해도 많은 깨달음을 통해 미래의 성공에 도움이 될 만한 행동을 하라는 뜻이다. 오늘은 정말 형편없어 보이는 일이 내일이면 좋아 보일 수도 있다는 사실 역시 명심하도록 해라."

신앙에 대한 아버지의 지혜

(신을 믿어라)

이스라엘의 다윗 왕(King David of the Israelites)

다윗 왕은 유대 역사상 가장 사랑받는 인물이다. 구약성서에 의하면 다윗 왕은 이스라엘의 첫 번째 왕 사울이 죽은 후 약 사십 년 간을 통치했다고 전하며, 최근에 발견된 고고학 자료에 의하면 그의 통치 기간은 기원전 11세기경이었다고 밝혀졌다. 구약성서에서는 다윗 왕이 낳은 여러 명의 아들이 서로 왕위를 차지하기 위해 치열한 암투를 벌였으며, 불행하게도 셋째 아들 압살롬은 반역을 꾀하다 붙잡혀 왕립 근위대에 의해 살해당했다고 전한다.

구약의 '역대기 상편'에서 다윗 왕은 죽음을 얼마 앞두고 여러 예언자들과 고위 관리 등 국정에 관련된 모든 사람을 예루살렘으로 불러들여 그 앞에서 공개적으로 이스라엘의 왕위를 당시 열네 살 난 아들 솔로몬에게 물려 주겠다고 발표하고 동시에 성전을 지으라는 유언을 남겼다.

이 때, 다윗 왕이 수많은 사람들 앞에서 솔로몬에게 아버지의 따뜻한 정을 담아 유언으로 남겼다.

"솔로몬아, 이 아비를 보살펴 주시던 하느님을 스스로 마음을 다 바쳐 사랑하며 섬기도록 하여라. 야훼께서는 사람의 마음을 헤아리시고 속셈까지 꿰뚫어보신다. 네가 찾으면 만나 주시지만 네가 저버리면 너를 아주 버리실 것이다. 명심하여라. 야훼께서는 성소로 쓸 집을 지으라고 너를 택하신 것이다. 그러니 확신을 갖고 일을 해 나가거라."

이렇게 지시하고 나서 다윗은 아들 솔로몬에게 당부하였다.
"야훼의 성전에서 예배하는 데 쓰일 것을 다 만들 때까지 나를 보살피시던 하느님 야훼께서 너를 떠나시지 않으실 것이다. 모른 체하고 내버려두시지 않으실 것이다. 그러니 힘을 내고 용기를 내어 일을 해 나가거라. 걱정하지도 말며, 두려워하지도 말라. 더구나, 사제들과 레위인들은 하느님의 성전에서 각종 예배를 드리려고 반을 짜 가지고 대기하고 있지 않느냐? 모든 것을 만들 때 온갖 일에 능숙한 각종 기술자들이 자원하여 너를 도울 것이다. 그리고 지도자들은 온 백성을 거느리고 네가 시키는 대로 할 것이다."

구약에서는 그 날 참석한 모든 사람이 하느님을 찬미하고 다윗의 아들 솔로몬을 왕으로 받아들였다고 전한다.

코란의 루크만(Lukman of the Koran)

회교 전설에 의하면 7세기의 예언자 무하마드는 수년에 걸친 계시를 통해 회교 성전인 코란을 전달받았다고 한다. 이 계시는 무하마드를 따르던 신도들에게 계승돼 632년 무하마드가 세상을 떠난 지 약 20년 후 표준 코란으로 완성되었다.

코란은 수많은 시로 구성되어 있으며 이 시는 길이가 다양한 장으로 묶여 있다. 회교 신자라면 누구나 구두로 코란을 배우고 일부를 암기한다. 코란 제31장에는 성인 루크만이 그의 아들에게 전한 충고가 담겨 있다.

오, 내 귀한 아들아!

기도를 열심히 하고, 선을 행하며 악을 금하라.

또한 네게 닥치는 무엇이든 인내로 견디어라.

실로 이것은 굳은 결심을 요하는 일들이니라.

사람을 거만한 태도로 멀리하거나

땅에서 거만하게 걷지 마라.

실로 알라신께서는 모든 거만함을 좋아하지 아니하시도다.

겸손한 발걸음으로 걷고, 목소리를 낮추어라.

실로 가장 듣기 싫은 소리는 나귀처럼 시끄럽게 떠드는 소리

이니라.

너희는 알라신께서 하늘에 있는 모든 것과,

땅에 있는 모든 것을

너희를 위하여 쓰이도록 하셨으며

너희에 대한 그분의 은총을,

보이는 것이든 안 보이는 것이든

모두 완성하셨음을 보지 못하였느냐?

그러나 사람들 중에는 지식이나, 지침이나,

일깨워 주는 성전 없이

알라신에 관하여 고집하는 자들이 있다.

모든 결정은 알라신에게 맡기도록 하라.

모세(Moses)

모세는 구약 성서에서 가장 중요한 인물이다. 그는 이집트의 압박에서 허덕이던 이스라엘 민족을 해방시켰고 이후 법을 세워 국가를 확립했다. 그러나 이상하게도 그를 아버지로 생각하는 사람은 별로 없다.

그러나 좀더 넓은 관점에서 보면, 모세는 '이스라엘의 자식들'이라고 불리운 백성의 아버지로 여겨지고 있다. 구약 성서의 '신명기'에 실려 있듯이, 하느님이 모세에게 내린 마지막 계시는 '약속의 땅'을 내려다보면서 세상을 떠나기 직전에 열두 지파를 한 자리에 모아 놓고 모두에게 축복을 내리라는 것이었다. 성서에 의하면 이 때 거행된 의식은 모세 당시의 사람들과 자손들이 성스러운 임무와 목적을 영원히 확신하도록 하기 위한 것이었다고 한다.

르우벤은 살고 죽지 아니 하고

그 인수(人數)가 적지 않기를 원하도다.

유다에 대한 축복은 이러하니라 일렀으되

여호와여 유다의 음성을 들으시고

그 백성에게로 인도하시오며

그 손으로 자기를 위하여 싸우게 하시고

주께서 도우사 그로 그 대적을 치게 하시기를 원하나이다.

레위에 대하여는 일렀으되

주의 둠밈과 우림[1]이 주의 경건한 자에게 있도다.

주께서 그를 맛사에서 시험하시고

---

1) THUMMIM and URIM : 하느님이 그의 백성, 특히 지도자를 위한 지침으로 제공한 수단이다. 실질적으로 이것에 대해 알려진 바는 없지만, 대제사장의 의복과 관련된 듯하다. 이 것

므리바 물가에서 그와 다투셨도다.

그는 그 부모에게 대하여 이르기를

내가 그들을 보지 못하였다 하며

그 형제들을 인정치 아니 하며

그 자녀를 알지 아니 한 것은 주의 말씀을 준행하고

주의 언약을 지킴을 인함이로다.

주의 법도를 야곱에게,

주의 율법을 이스라엘에게 가르치며

주 앞에 분향하고 온전한 번제를 주의 단 위에 드리리로다.

여호와여 그 재산을 풍족케 하시고

그 손의 일을 받으소서.

그를 대적하여 일어나는 자와 미워하는 자의 허리를 꺾으사

다시 일어나지 못하게 하옵소서.

베냐민에 대하여는 일렀으되

여호와의 사랑을 입은 자는 그 곁에 안전히 거하리로다.

여호와께서 그를 날이 맞도록 보호하시고

그로 자기 어깨 사이에 처하게 하시리로다.

요셉에 대하여는 일렀으되

은 기도하는 질문에 응답하기 위한 것으로 주머니 밖으로 꺼내거나 던져지는 납작한 물건들
이라는 견해가 있다. (참조 : IVP 성경사전, 한국기독학생회 출판부)

원컨대 그 땅이 여호와께 복을 받아

하늘의 보물인 이슬과 땅 아래 저장한 물과

태양이 결실케 하는 보물과

태음이 자라게 하는 보물과 예산의 상품물과

영원한 작은 산의 보물과 땅의 보물과

거기 충만한 것과

가시떨기 나무 가운데 거하시던 자의 은혜로 인하여

복이 요셉의 머리에 그 형제 중 구별한 자의 정수리에 임할

찌로다.

그는 첫 수송아지같이 위엄이 있으니

그 뿔이 들소의 뿔 같도다.

이것으로 열방을 받아 땅 끝까지 이르리니

곧 에브라임의 만만이요 므낫세의 천천이리로다.

스불론에 대하여는 일렀으되

스불론이여 너는 나감을 기뻐하라.

잇사갈이여 너는 장막에 있음을 즐거워하라.

그들이 열국 백성을 불러 산에 이르게 하고

거기서 의로운 제사를 드릴 것이며

바다의 풍부한 것, 모래에 감추인 보배를 흡수하리로다.

갓에 대하여는 일렀으되

갓을 광대케 하시는 자에게 찬송을 부를찌어다.

갓이 암사자같이 엎드리고 팔과 정수리를 찢는도다.
그가 자기를 위하여 먼저 기업을 택하였으니
곧 법 세운 자의 분깃으로 예비된 것이로다.
그가 백성의 두령들과 함께 와서
여호와의 공의와 이스라엘과 세우신 법도를 행하도다.

단에 대하여는 일렀으되
단은 바산에서 뛰어나오는 사자의 새끼로다.

납달리에 대하여는 일렀으되
은혜가 족하고 여호와의 복이 가득한 납달리여
너는 서방과 남방을 얻을찌로다.

아셀에 대하여는 일렀으되
아셀은 다자한 복을 받으며
그 형제에게 기쁨이 되며 그 발이 기름에 잠길찌로다.
네 문 빗장은 철과 놋이 될 것이니
네 사는 날을 따라서 능력이 있으리로다.
여수룬이여 하나님 같은 자 없도다.
그가 너를 도우시려고 하늘을 타시고 궁창에서 위엄을 나타
내시는도다.
영원하신 하나님이 너의 처소가 되시니
그 영원하신 하나님이 아래 있도다.

그가 네 앞에서 대적을 쫓으시며 멸하라 하시도다.
이스라엘이 안전히 거하며
야곱의 샘은 곡식과 새 포도주의 땅에 홀로 있나니
곧 그의 하늘이 이슬을 내리는 곳에로다.
이스라엘이여 너는 행복자로다.
여호와의 구원을 너같이 얻은 백성이 누구뇨.
그는 너를 돕는 방패시요 너의 영광의 칼이시로다.
네 대적이 네게 복종하리니
네가 그들의 높은 곳을 밟으리로다.

존 무어(John Muir)

존 무어는 미국 역사상 가장 위대한 탐험가이자 자연학자였다. 그는 타고난 글솜씨로 자연의 위대함을 칭송하며 미국의 초기 자연보호 운동을 주도했다. 종교적인 신념이 강한 그는 직업 자체를 종교적 임무로 받아들였다. 그가 이룩한 많은 성과 가운데에서 1890년 의회에 압력을 행사해 '요세미티 국립공원 법안'을 통과시켜 요세미티와 세쿼이아 숲을 국립공원으로 제정한 일은 국민들에게 특히 많은 지지를 받았다.

존 무어의 삶은 그야말로 다채롭다 할 수 있다. 그는 특히 여행을 즐겼는데 북아메리카, 유럽, 아프리카, 심지어 북극까지 탐험했고 미국 전역을 여행할 때는 아내와 두 딸을 동행하기도 했다. 무어는 1893년 고향인 스코틀랜드를 여행할 때 열두 살의 딸 애니 윈더에게 종교적 신념을 강조하는 편지를 보냈다.

"이제 너도 숙녀가 되었구나. 지금같이 네 기억력이 왕성할 때 열심히 공부해서 훌륭한 사람들이 남긴 좋은 말을 기억해 두어야 한다. 그러면 앞으로 풍요로운 삶을 누릴 수 있을 것이다.

엄마에게 부탁해서 매일 암기할 만한 글을 달라고 하려무나.

어제 저녁에는 아버지가 어릴 때 자주 놀던 바위가 있는 해변을 산책했다. 파도가 밀려와 하얀 거품으로 부서지는 모습이 얼마나 장대했는지 모른다. 그 소리를 듣고 있자니 멋진 노래 가락을 듣는 듯한 착각이 들더구나. 어릴 때 이 곳에서 듣던 것과 똑같은 노래 가락이었다. 그러다 보니, 다시 소년 시절로 되돌아간 느낌이더구나. 그래서 나는 다사다난했던 미국 생활 전체를 잊어버리고 예전의 순수한 소년이 되어 해변에 일어나는 황홀한 찬송가 속에 흠뻑 빠져들 수 있었단다."

아이작 바셰비스 싱거 (Issac Bashevis Singer)

폴란드에서 태어난 아이작 바셰비스 싱거는 제2차 세계 대전이 발발하기 직전에 미국으로 이민했다. 그리곤 단편과 장편 소설에서 인정을 받은 그는 1978년에 노벨문학상을 수상했다. 널리 알려진 작품으로는 《고레이의 사탄(Satan in Goray)》, 《루블린의 마술사(The Magician of Lublin)》, 《옌틀(Yentl)》, 《시장의 철학자(The Spinoza of Market Street)》가 있다. 영어가 아니라 독일어와 유태어를 혼합한 이디시 말로 작품을 쓴 싱거는 삶의 진정한 의미를 찾기 위해 종교적, 도덕적, 성적 충동과 투쟁하는 다양한 인물을 소개해 지금까지 독자들의 마음속에 깊은 감동을 전해주고 있다.

싱거는 독일군의 대공세가 벌어지기 직전에 바르샤바를 떠나면서 첫 부인과 당시 다섯 살 난 아들 이스라엘을 고향에 남겨두어야 했다. 그 뒤 아들을 다시 만나기까지 20여 년이라는 긴 세월이 흘렀지만, 부자는 시공의 간격을 뛰어 넘어 아주 가까운 사이가 되었으며, 나중에 이스라엘에 정착한 아들을 시간이 날 때마다 방문해 손자와 즐거운 시간을 보내곤 했다.

1986년 여름, 아들 이스라엘은 병을 앓고 있는 아버지와 함께 지내기 위해 뉴욕 시를 방문했다. 그 때 이스라엘은 혼란스러운 표정으로 물었다.

"어떻게 아버지같이 세속적인 생활을 하는 사람이 하느님을 믿는다고 주장할 수 있죠?"

이 질문에 대해 싱거는 아이러니하면서도 강렬한 인상을 남긴 대답을 했다.

"넌 하느님이 존재하지 않는 세상을 설명할 수 있니? 난 힘든 일이 생길 때마다 하늘을 올려다보며 기도한단다. 사실 언제나 힘든 일이 생기기 때문에 일상적으로 기도를 올린다고 할 수 있지. 그렇지만 내가 올리는 기도는 기도서에 나오는 그런 평범한 기도가 아니라 하느님과 내가 개인적으로 주고받는 대화라고 할 수 있단다. 대개는 내가 하느님께 애원하는 것으로 끝나지만 때때로 불평도 늘어놓지. 어떨 때는 하느님의 뜻이 무언지 도저히 이해할 수 없다는 말도 한단다. 어쨌든, 나는 거의 매일같이 이런 식으로 치열한 대화를 하느님과 나누곤 하지.

　대개 하느님은 내 기도에 대답하시고 내 가슴속에 가득한 절망감을 다스려 주신다. 가끔씩 글을 쓰다 진흙탕에 빠진 수레처럼 앞으로 나가지 못하고 제자리를 맴돌며 헤맬 때가 있지. 그럴 때면 하느님 앞에 겸허하게 엎드려 기도를 한다. 그러면 갑자기 머리가 맑아지고 나를 얽어매던 수레는 어느새 진흙탕에서 빠져나와 평지를 달리고 있지.

　인간이 자신의 운명을 다스릴 수 있다는 말, 나는 믿지 않는다. 하느님은 말이 아니라 행동으로 말씀하신다. 그리고 이 땅에 사는 우리는 그 비밀을 해독할 수 있어야 한다. …… 우리가 품어야 할 최고의 희망은 자유로운 선택이며, 이는 바로 하느님이 우리 인간에게 내려주신 최고의 선물이다."

자식에 대한 아버지의 사랑

딸은 특별해

월트 디즈니 (Walt Disney)

'만화' 하면 전세계 어린이들이 동의어처럼 떠올리는 단어는 바로 '디즈니'다. 이 이름의 주인공 월트 디즈니는 만화가로 시작해 세계 최대의 기업을 일구어낸 사람이다. 그에게는 다이앤과 샤론이라는 두 딸이 있는데, 딸들에 대한 사랑이 보통 지극한 게 아니었다.

1930년대와 1940년대 미국의 유명 인사들은 세상을 떠들썩하게 만든 린드버그 유괴 사건의 영향으로 아이들 보호에 세심한 주의를 기울였다. 디즈니 역시 딸들을 보호하기 위한 계획을 세웠다. 우선 그는 두 딸의 사진을 절대 공개하지 않았고, 사진에 찍힐 가능성이 있는 모임에는 아예 딸들을 데리고 가지 않았다. 그리고 헐리우드에 있는 호화 저택의 경보장치도 강화했다. 너무 철저한 보호를 받은 나머지, 두 딸은 아버지가 굉장히 유명한 사람이란 사실도 모른 채 자랄 정도였다.

다이앤이 여섯 살 때 유치원 단짝이 "네 아버지가 정말 월트 디즈니냐?"라고 물은 적이 있었는데, 그 날 밤 디즈니가 의자에 앉아 신문을 읽고 있을 때 다이앤이 다가와서 화난 목소리로 "왜 아빠가 월트 디즈니라는 걸 말해 주지 않았어요?" 하고 물었다는 일화는 유명하다.

2년 후 크리스마스 날 아침, 잠에서 깨어난 다이앤은 뒷마당에 있는 아름다운 놀이집을 발견했다. 작은 유리 창문, 버섯 모양의 굴뚝, 정말 디즈니 만화에서 톡 튀어나온 것 같은 집이었다. 집 안 주방에는 싱크대를 비롯해 수도와 전화까지 준비되어 있었다.

다이앤이 놀란 표정으로 안을 살펴보고 있는데 갑자기 전화가 울렸다. 자신을 산타 클로스라고 소개한 남자가 즐거운 목소리로 선물이 마음에 드냐고 물었다.

"너무 좋아요, 산타 할아버지."

그 날 오후 다이앤은 순진하게 이웃집 소년에게 산타 클로스가 선물로 준 집이라며 자랑했다.

"산타 클로스라고? 어제 네 아빠 스튜디오 사람이 와서 하루 종일 저 집 짓는 걸 봤는데?"

그 소년은 배를 잡고 웃었지만 다이앤은 그 말을 믿지 않았다.

이처럼 디즈니는 딸들에게 줄 특별 선물을 구상하면서 커다란 즐거움을 느끼곤 했다. 그래서 한번은 스튜디오 담당 간호사가 그에게 충고한 적이 있었다.

"다이앤과 샤론에게 모든 것을 다 해 주면 오히려 아이들에게 좋지 않아요. 아빠가 뭐든지 다 해 주니까 힘든 걸 모르잖아요."

그 말에 디즈니는 곰곰이 생각하더니 말했다.

"그래도 딸들은 특별하잖소."

(태어나면서 시작되는 사랑)

J.R.R. 톨키엔(J.R.R. Tolkien)

J.R.R. 톨키엔이 《난장이 요정 호빗(The Hobbit)》과 3부작 《반지의 왕(The Lord of the Rings)》 같은 공상 소설을 쓴 이유는 명예나 부를 얻기 위해서가 아니라, 아이들을 즐겁게 해 주기 위해서였다. 옥스퍼드 대학에서 중세 언어를 가르치던 톨키엔과 아내 마벨에게는 네 명의 아이가 있었다. 고아로 자란 두 사람은 평생 소원이던 사랑이 넘치는 가정을 이룬 것이다.

톨키엔은 아이들을 기쁘게 해 주려는 마음에서 갖가지 이야기를 지어냈고, 그의 놀라운 상상력은 아이들에게 가장 큰 선물이었다. 큰아들 존이 잠을 이루지 못하고 뒤척일 때면 아들 침대 옆에 앉아서 뻐꾸기 시계 안으로 들어가 갖가지 모험을 즐기는 '붉은 머리 소년 캐롯' 얘기를 들려주었다. 또 한번은 '전단 붙이는 사람'이라는 악당 얘기를 지어내기도 했다. 그 이름은 '전단 붙이는 사람은 처벌됨'이라는 거리 벽보에서 따 온 것이다. 이야기 속에서 이 '전단 붙이는 사람'은 '앞에 있는 큰 길'이라는 우스꽝스러운 이름의 공상적 사회 개량주의자와 싸움을 벌이게 된다. 1930년에 〈난쟁이 요정 호빗〉을 집필할 때는 줄거리와 인물을 구상하면서 아이들의 도움을 많이 받았다.

독일군의 침공으로 온 세상이 전쟁의 포화 속에 갇히자 그의 아들 크리스토퍼 톨키엔은 왕립 공군에 입대했다. 어릴 때부터 심장이 좋지 않아 네 명의 자식 가운데 제일 허약했던 크리스토퍼는 아버지와 제일 가까운 사이였다. 두 사람은 〈반지의 왕〉의 줄거리를 구상하면서 많은 시간을 보내기도 했다. 크리스토퍼가 성인이 되자, 이야기 대상은 종교와 전쟁, 인간의 고통과 같은 주제로 넓어졌고, 자주 편지를 주고받으며 서로의 관계를 돈독히 했다. 1944년 봄 톨키엔은 근심 많은 아들에게 따뜻한 충고를 해 주었다.

나는 이 지구에서 살아가는 인간들이 받는 고통을 모두 합치면 얼마나 클까 하는 생각에 가끔씩 몸서리를 치곤 한단다. 수백만에 달하는 사람이 이별을 하고, 두려움과 걱정에 휩싸인 채 비생산적인 나날을 보내고 있으니 말이다. 게다가 온갖 고문과 죽음, 사별, 부정부패도 만연하니 더할 나위가 없겠지.

만약 온갖 괴로움이 검은 연기로 나타난다면 이 어리석은 지구는 시커먼 연기에 둘러싸여 밝고 찬란한 하늘을 볼 수 없게 되겠지! 그리고 역사적으로 증명되었듯이, 괴로움의 산물은 거의 다 사악한 형태로 나타나겠지!

하지만 역사적인 관점이 전부는 아니다. 모든 사건과 행동은 '원인'과 '결과'에 관계 없이 그 자체로 가치가 있다. 그 누구도 실제로 발생하는 일을 정확히 아는 사람은 없다. 우리가 알고 있는 건—대부분 직접적인 경험을 통해 알고 있는 건—사악한 세력이 막강한 힘을 행사해 성공한 것처럼 보여도 결국에는 허물어지고 만다는 사실이다. 저 깊은 어디에선가 선한 세력이 씨를 뿌려 꽃을 피울 터이기 때문이다. 선이란 우리의 생활 속에 보편적으로 녹아 있는 걸 의미한다.

너는 내가 힘들고 슬플 때 나에게 커다란 힘을 주는 아주 특별한 존재였으며, 네가 이 세상에 태어나면서 시작된 사랑은 나에게 달콤한 말을 속삭여 주었다. 너에 대한 나의 끝없는 사랑과 나에 대한 너의 끝없는 사랑은 현생을 뛰어넘어 특별한 사랑으로 발전할 터이니, 나는 거기서 위안을 받을 거라고……. 너의 삶은 그 자체가 위대한 작품이란다!

아버지처럼 되고 싶어요

샘 존슨과 아들 린든 존슨
(Sam Johnson and his son Lyndon)

큰 키에 유창한 말솜씨와 설득력이 뛰어난 텍사스 주 하원의원 샘 휴스턴 존슨은 장남 린든에게 지울 수 없는 인상을 남겼다. 린든은 세 살이 될 무렵부터 아버지가 가는 곳이면 어디든 따라다녔다. 심지어 이발소까지 쫓아가 의자에 앉아 비누 거품을 얼굴에 바르고 면도기 뒷날로 아버지처럼 면도하는 흉내를 낼 정도였다. 1913년 린든 가족이 존슨 시로 이사해 친척과 만나는 일이 드물어지자 '린든은 아버지와 똑같아지려는 생각에 집착하기 시작했다'고 린든의 누이는 말한다. 어린 린든에게 아버지 샘은 '동료이자 친구'였던 것이다.

훗날 린든은 어린 시절을 이렇게 회상한다.

"저는 언제나 아버지와 똑같이 행동하고 싶었습니다. 아버지가 하는 일이면 뭐든지 하고 싶었으니까요. 아버지는 야외 활동을 즐기셨어요. 그래서 저도 야외 활동을 좋아하게 됐지요. 아버지는 정치인으로 활동하며 공직에 복무하는 걸 자랑스러워하셨고, 그래서 저 역시 정치에 몸담게 되었습니다. 어릴 땐 친구들에게 '난 정말 우리 아버지처럼 되고 싶어. 노인들에게 연금을 주기도 하고…….' 하면서 다닐 정도였어요."

어린 린든의 관심을 가장 많이 끈 것은 아버지의 정치 활동
이었다. 1914년 여섯 살 때 그는 아버지를 따라다니며 선거 인
쇄물을 나눠 주거나 유세장에 참석하기도 했다. 집에서도 예외
는 아니어서, 아버지에게 정치적 조언을 구하려고 사람들이 방
문하면 그들이 말하는 모습이나 행동을 하나도 놓치지 않으려
고 애썼다. 때로는 손님들과 함께 정문 현관이나 벽난로 앞에
앉아서 지역 사회와 국가 문제에 대해 토론하는 걸 열심히 듣
기도 했다. 그런 기회가 허락되지 않는 날에는 현관 바로 옆에
붙은 침실에 몰래 숨어서 열린 창문을 통해 어떤 얘기가 오가
는지 귀를 기울이기도 하였다.

　1918년 린든이 열 살이 되자, 아버지 샘은 린든을 주 의회에
데리고 가기 시작했고, 그 곳에서 린든은 몇 시간씩 방청석에
앉아 회의장에서 일어나는 일을 지켜보거나 의회 건물을 돌아
다니며 의회가 어떤 곳인가 살펴보았다. 가끔은 하원 의원석으
로 가 아버지 옆자리에 앉기도 했다. 그리고 정식 급사는 아니
었지만 아버지와 다른 하원 의원들의 심부름도 했다.

　그러나 주 의회 방문보다 린든을 더 사로잡은 건 아버지를
따라 유세를 다니는 것이었다. 그 때의 경험은 이후 린든이 노
련한 정치인으로 역량을 쌓는 데 중요한 역할을 했다.

　"아버지와 전 포드를 타고 골짜기를 따라가며 농가를 방문했
어요. 물론 유권자들과 만나면 늘 아버지가 얘기를 이끌어가는
편이었죠. 새로운 소식을 알려 주기도 하고 작물에 관한 얘기
를 주고받거나 의회에서 새로 제안한 법안에 대해 설명하기도

했습니다. 우린 집에서 만든 커다란 빵과 잼 한 병을 들고 다녔는데, 그렇게 돌아다니다가 지치거나 배가 고프면 길 옆에 차를 세워놓고 빵에 잼을 발라서 나누어 먹었어요. 그 때는 아버지가 정말 행복해 보였어요. 우리가 찾아가면 사람들은 문을 활짝 열어 환영해 주었고, 무더운 날이면 집에서 만든 아이스크림을 내놓았고 추운 날에는 뜨거운 차를 대접했지요. 그래요, 그땐 정말 그 여행이 영원히 끝나지 않았으면 좋겠다고 생각한 적이 많아요."

아버지가 보여준 사랑의 비밀

이자크 라빈 (Yitzhak Rabin)

이자크 라빈 전 이스라엘 수상은 평화 수호을 위해 한평생 노력하다가 결국 암살자의 손에 유명을 달리했다. 그의 대중적인 이미지는 무뚝뚝함 그 자체였다. 그를 찬미하는 추종자들 역시 라빈 전 수상이 개인적으로 다정다감하지 않았다는 데 동의할 정도였다. 그러나 자녀들 문제에 대해서는 전혀 다른 모습을 보여 주었다.

한 국가의 수상직을 역임하는 동안, 라빈의 생활은 언제나 바쁜 일정에 매여 있었다. 그러나 암살 사건 직후 손자 요나탄은 인터뷰에서 색다른 이야기를 전해 주었다.

"저에게는 수상이 아니라 할아버지였어요. 사람들이 가끔 묻곤 했어요. 할아버지처럼 바쁘신 분이 어떻게 시간을 내서 손자와 놀아 줄 수 있느냐고요. 그렇지만 제 동생이나 제게 무슨 일이라도 생기면 할아버지는 단 한 번도 빠지지 않고 챙겨 주셨어요. 저도 믿기지 않을 정도랍니다. 학교 행사나 군대 행사…… 할아버진 언제나 우리와 함께 하셨어요."

라빈의 딸 달리아 역시 어린 시절에 대해 똑같은 기억을 가지고 있다.

"아버지는 학부모·교사 회의에 참석하진 않았어요. 회원이 아니셨거든요. 그렇지만 제게 아버지가 필요할 땐 언제나 제 곁에 계셨어요. 특히 몸이 아플 때는요. 어디에 계시든 곧장 달려오셨지요. 단 몇 분밖에 못 계셨지만 말예요. 우릴 정말 아껴 주셨어요."

라빈 수상의 부인 리아 라빈은 이렇게 말했다.

"남편은 아이들에게 큰 소리를 치거나 손을 대는 법이 없었어요. 언제나 자상하게 대하셨고 아이들에게 기대하는 게 있어도 그것 때문에 부담을 주지 않으려고 애썼어요. 그래서 아이들은 언제나, 심지어 자신이 부모의 기대에 어긋나는 행동을 한다고 하더라도, 아버지가 여전히 자신을 사랑하고 있다는 믿음을 갖게 된 것 같아요. 그게 바로 남편이 보여 준 사랑의 비밀이었어요. 자신에 대한 부모의 사랑이 무한하다는 느낌 말입니다."

라빈이 딸 달리아와 아들 유발에게 자주 했던 말은 아직 그들의 가슴속에 깊이 남아 있다.

"너 자신에 대해서 편안하게 느껴야 한다. 스스로 편안하게 느끼고 옳은 일을 한다는 자신이 생길 때 비로소 앞으로 나아갈 수 있는 법이다. 다른 사람이 너에 대해서 무슨 말을 하든 신경쓸 필요는 없다."

(누구나 실수할 수 있다)

빈스 롬바르디 (Vince Lombardi)

미국의 미식 축구팀 '그린 베이 패커즈'의 유명한 코치였던 빈스 롬바르디가 즐겨 쓰던 말 가운데 '승리는 중요한 정도가 아니라, 전부다'는 말은 지금까지 많은 사람들의 기억속에 남아 있다. 롬바르디는 수십 년 동안 갖가지 놀라운 방법을 동원해 전미 축구 리그(NFL) 선수들을 훈련시켰다. 그는 무자비하다는 말을 들을 정도로 철저하고 엄격하게 훈련을 강행했다. 그런 성격은 집에서도 그대로 나타났는데, 아들 빈스 2세와 딸 수잔에게 언제나 많은 걸 기대했다고 한다.

학교 성적이 뛰어난 빈스 2세는 체육을 전공한 후 축구 코치가 되고 싶어했지만 아버지의 강한 반대에 부딪쳤다. 롬바르디는 빈스처럼 성적이 뛰어난 사람이 체육을 전공한다는 건 시간 낭비에 불과하다고 생각하고, '지금 내가 하고 있는 일을 너까지 하길 바라진 않는다'며 딱 잘라 말하기도 했다.

롬바르디는 아들에게 변호사가 되라고 격려했으며, 마침내 빈스 2세가 법학으로 전공을 바꾸고 장학금까지 타자, 롬바르디는 너무 기쁘고 자랑스러워했다.

그는 열심히 공부해 정신과 인격을 계발하는 것도 중요하지만 노동을 통해 튼튼한 신체를 가꾸는 것 역시 빼놓을 수 없다고 믿었다. 그래서 여름 방학이 되면 직접 아들이 할 일을 골라 주었고, 그 덕분에 빈스는 건설 현장 막노동에서 트럭 짐꾼까지 다양한 경험을 했다. 당시 빈스는 아버지의 엄격한 교육을 좋아하지 않았지만 성인이 된 후 아버지의 뜻을 이해하게 되었다.

한편, 동생 수잔은 빈스보다 다섯 살 아래였으며, 공부에 재능이 있는 오빠에 비해 훨씬 외향적인 성격이었다. 수잔이 성장할 시기에는 아버지 롬바르디의 성격이 조금은 부드럽게 변해, 공부 문제로 수잔을 다그친 적이 없었다. 롬바르디는 틈틈이 산수나 라틴어 같은 과목을 봐 주기도 했으며, 특히 승마에 열정을 보여 마술(馬術) 경기가 있을 때면 언제나 수잔을 데리고 갔다. 자연히 두 사람은 함께 많은 대화도 나누었다.

'역사상 최다 승리 코치'라는 별명을 가진 아버지가 해준 많은 이야기 가운데 수잔의 마음에 가장 강렬하게 와닿은 말은 "사람이라면 누구나 실수를 하기 마련이다. 그렇지만 실수를 통해 뭔가를 배운다면 그건 이미 실수가 아니다."라는 충고였다.

(아버지의 헌신)

데이비드 굿맨과 아들 베니
(David Goodman and his son Benny)

저명한 악단 지휘자이자 '스윙의 황제'로 알려진 클라리넷 연주자 베니 굿맨은 동유럽 출신의 가난한 유태인 부모 밑에서 태어났다. 그의 부모 데이비드 굿맨과 로라 굿맨은 발티모어에서 만나 시카고에 정착해 열두 명의 자녀를 낳았다. 아홉 번째 아이가 바로 베니였다. 베니의 아버지는 하루 열서너 시간씩 재봉사로 일하며 대가족을 부양했다.

어머니가 집에서 아이들을 먹이고 씻기는 동안 베니의 아버지는 장보는 일에서 아이들 신발과 옷 사는 일까지 도맡아야 했다. 물론 그것도 돈이 있을 때 얘기였다. 그러나 그는 낙관적인 태도를 잃지 않고 항상 교육의 중요성을 강조했다.

"아버진 언제나 우리가 공부하게 만들려고 애쓰셨어요. 그래야 성공할 수 있다고 생각하셨거든요. 아버진 학식있는 사람을 부러워하셨어요. 지금까지 우리 형제 자매들이 이룬 것이 있다면 그건 모두 아버지 덕분입니다."

베니에게 악기를 배우게 한 사람은 바로 아버지였다. 지역 유태교 회당의 소년 악단에서 음악을 가르쳐 준다는 소식을 들은 아버지가 베니를 설득하고 저렴한 악기를 구해 주었다. 큰 형 해리는 덩치가 컸기 때문에 튜바를 맡았고, 다음으로 키가 큰 프레디는 트럼펫을, 제일 작은 베니는 클라리넷을 맡게 되었다.

1927년 열여덟 살의 베니가 클라리넷 연주자로 성공하자, 아버지는 더 이상 재봉사로 일할 필요가 없었다. 그러나 한가하게 노는 걸 싫어한 굿맨은 신문 가판대를 운영하고 싶다고 말했고, 그 말을 들은 베니는 이제 돈도 많으니까 구태여 일할 필요가 없지 않느냐며 반대했다. 그러자 굿맨은 아들의 눈을 지그시 바라보면서 말했다.

"베니, 네 일은 네가 알아서 책임지고, 내 일은 내가 알아서 책임져야 하지 않겠니?"

그 일이 있은 지 얼마 되지 않아 데이비드 굿맨은 전차 사고로 사망했다. 베니는 헌신적이셨던 아버지가 오랜 세월 힘들게 노동한 대가를 단 한 번도 제대로 누리지 못한 채 돌아가신 걸 가슴아파했다. 그 때의 모습을 베니의 친구는 이렇게 회상한다.

"때때로 베니는 아버지에 대해서 말합니다. 그럴 때면 두 눈에 여지없이 눈물이 고이죠. 베니의 아버진 언제나 아이들을 격려해 주는 따뜻한 분이셨어요. 항상 친절했지만 늘 가난하셨죠. 그렇지만 자식들에게 모든 걸 해 주고 싶어하는 헌신적인 아버지였습니다."

(아버지임이 자랑스러울 때)

더글라스 맥아더 (Douglas MacArthur)

더글라스 맥아더 장군은 강인하고 무뚝뚝한 성격으로 알려져 있지만 외동아들 아써와 함께 있을 때는 완전히 다른 사람으로 변했다. 아써는 태평양 지역에서 일본과 미국의 관계가 조금씩 긴박해지고 있던 1938년 필리핀에서 태어났는데, 당시 세계적인 명성을 떨치던 맥아더 장군은 예순을 약간 앞둔 나이였다.

아써가 걸음마를 시작하고 말을 배울 즈음에 아버지와 아들은 매일 아침 같은 일을 반복했다. 일곱시 반만 되면 맥아더 장군의 침실 문이 활짝 열리고, 아써가 '친구' 토끼 인형을 손에 쥔 채 아장아장 걸어 들어왔던 것이다. 그러면 맥아더 장군은 아써를 보자마자 침대에서 뛰어나와 곧장 차렷 자세를 취한다. 그리고 아써가 "붐! 붐! 붐!" 하고 행진 보조를 맞추는 동안 장군은 잰 걸음으로 방안을 행진한다. 그렇게 몇 번을 반복한 뒤 아써가 두 손으로 눈을 가리면 장군은 그 날의 특별 선물로 사탕, 크레파스, 색칠 공부책 등을 주었다. 이 행사는 언제나 욕실에서 끝났다. 맥아더 장군은 면도를 하면서 그리고 아써는 아버지를 지켜보면서 함께 이중창을 부르는 것이다. '아름다운 로지 오그레이디(Sweet Rosie O' Grady)', '황혼 속을 거닐며(Roaming in the Gloamin)', '아미 블루(Army Blue)' 등을 주로 불렀는데, 'r'자가 나올 때는 허밍으로 바꿔 부르곤 하였다.

12월 7일 일본군의 진주만 폭격이 시작된 지 약 2주 후에 맥아더 가족은 다른 미군과 함께 필리핀을 떠나야 했다. 그 때 장군의 아내 진은 크리스마스 트리 장식을 막 끝낸 데다 아들을 위해 세발 자전거를 준비하는 등 모든 선물도 잔뜩 준비한 상태였다. 그렇지만 상황은 크리스마스 전에 떠날 가능성이 높았다. 아써를 위해 특별한 크리스마스를 준비한 장군 부부는 크리스마스가 일찍 왔다 생각하고 미리 파티를 열었다. 아써는 크리스마스 기분에 들뜬 채 새로 받은 장난감에 빠져 즐거운 시간을 보냈다. 결국 장군 부부가 예상한 대로 크리스마스 이브가 되기 몇 시간 전 모든 미군은 일본군의 마닐라 폭격에 대비해 그 곳을 떠나야 했다.

1943년 맥아더 장군은 연합군의 태평양 공격을 이끄는 와중에 '올해의 아버지 상' 수상자로 뽑혔다는 연락을 받았다. 장군은 그 소식에 깊이 감동받아 즉시 미국으로 전보를 쳤다.

'전국 아버지의 날 위원회'에서 내린 결정을 듣고 얼마나 기뻤는지 모릅니다. 저는 군인이고 그 사실에 커다란 자부심을 갖고 있지만, 아버지로서 느끼는 자부심은 그 어느 것에 비길 수 없습니다. 군인은 건설하기 위해 파괴하지만 아버지는 언제나 건설하는 사람입니다. 결코 파괴를 모르지요. 군인은 죽음의 가능성을 안고 있지만 아버지는 언제나 생명과 창조를 잉태합니다. '죽음'의 군대는 막강한 힘을 발휘하지만, '생명'의 군대는 더 커다란 힘을 발휘합니다. 제가 가진 조그만 소망 가운데 하나는 제가 이 세상을 뜬 후, 제 아이가 저를 전투 지휘관이 아닌 매일 함께 기도하던 아버지로 기억되는 것입니다.

(어른이 된 네가 자랑스럽다)

랄프 왈도 에머슨(Ralph Waldo Emerson)

19세기 미국 철학계의 거두 랄프 왈도 에머슨은 절친한 친구인 헨리 데이빗 소로우, 에밀리 디킨슨, 허먼 멜빌, 헨리 제임스를 비롯한 수많은 작가와 철학자에게 다양한 영감을 준 인물이다. 원래 유니테리언교의 목사였던 에머슨은 1830년대 문인과 강사로 커다란 성공을 이루었다. 그가 한 연설의 핵심은 언제나 자주, 개성, 자연 존중이었다.

에머슨은 네 아이의 너그러운 아버지였는데, 특히 1841년에 태어난 막내 딸 에디스에게 많은 정을 주었다. 에디스는 스물네 살이 되자 보스턴의 갑부 아들인 윌리엄 포브스와 결혼해 친정과 멀지 않은 소도시 밀톤에 자리를 잡았다. 가까이 지내던 딸과 사이가 소원해진 것 같아 서글퍼진 에머슨은 1867년 4월 딸에게 편지를 보냈다.

이제부터 네 집에 자주 방문해서 좀더 가까이 지낼 생각이다. 흔히 말하듯이, 서로 존중하는 친구를 만나는 건 그리 쉬운 일이 아니니 말이다. 같은 집이나 심지어 같은 방에 있어도 각자 사정 때문에 서로에게 신경쓰지 못하고, 얘기다운 얘기 한 번 나누지 못할 때도 있었구나. 그렇지만 가끔씩이라도 반가운 눈으로 바라보고 따뜻한 말 한마디라도 건넬 수 있다면 서로에게 소중한 관계가 될 것 같구나.

사람들은 대개 낯선 사람들 사이에서 친구를 찾아다니지. 그
러다가 나중에서야 진정한 친구는 가족 가운데 있다는 사실을
깨닫게 된단다. 넌 성격이 참 좋을 뿐 아니라, 밖으로 내세우지
는 않지만, 진실된 가치관과 믿음을 가지고 있지. 칭찬이나 찬
사를 전혀 기대하지 않는 진실된 모습은 바로 훌륭한 인격의
꽃이고, 지켜보는 사람으로 하여금 마음속 깊이 감사하고 그
아름다운 모습이 계속되기를 소망하게 한단다. 그래서 아버지
도 이렇게 글을 쓰고 있는 거란다.

존 D. 록펠러 1세(John D. Rockefeller Sr.)

존 D. 록펠러 1세는 가난한 농부의 자식으로 태어나 전 세계에서 몇 손가락 안에 드는, 실로 엄청난 재산을 축적했다. 그는 열여섯에 직업 전선에 뛰어들었으며, 몇 년 지나지 않아 클리브랜드에서 개인 사업을 시작할 정도로 커다란 성공을 거두었다. 하지만 세계적인 부를 얻은 후에도 자식들에게 여전히 엄격하고 특히 돈 문제라면 인색하기로 유명했다.

그의 아들 존 D. 록펠러 2세는 1897년 브라운 대학을 졸업하자마자 뉴욕 시 남부 지역에 있는 아버지 회사 스탠다드 오일(Standard Oil)의 본사에서 일을 시작했다. 그 무렵 록펠러 1세는 이미 실무에서 어느 정도 손을 떼고 있었기 때문에 처음부터 아버지의 비서실장 역할을 맡았는데, 당시 스물세 살이던 그는 임무를 수행할 만한 훈련을 전혀 못 받은 상태에서 무조건 주어진 일을 책임지고 수행해야만 했다.

1899년 여름, 록펠러 2세는 친구들과 함께 미국 서부와 알래스카 지역으로 다소 긴 여행을 떠났다. 그 때 록펠러 1세가 보낸 다음과 같은 격려 편지로 미루어 보면 록펠러 씨가 아들의 재능에 보통 감동한 게 아닌 것 같다.

일곱 번째 편지는 잘 받았다. 휴가를 즐겁게 보내고 있다니 얼마나 기쁜지 모르겠구나. 너에게 바라는 게 있다면 지금까지 쌓아온 소신을 굽히지 말라는 것과 이번 기회에 충분한 휴식을 취하라는 것이다. 혹시 필요하면 언제라도 계획을 수정하려무나.

지금까지 진행된 여러 가지 일을 돌이켜보면 네가 채택한 계획과 적절한 실행 방법에 감탄하지 않을 수가 없구나. 얼마나 고마운지 이루 말로 다 표현할 수가 없어 이 편지로 다시 고맙다는 말을 전한다.

우리는 너에게 많은 보상을 받은 것 같구나. 그것도 갑절로 말이다. 자신감이란 지루할 정도로 더디게 크는 나무인데 너는 오래 전부터 튼튼한 나무로 자라 있더구나. 항상 믿고 의지할 수 있는 네가 우리 옆에 있다는 사실에 정말 감사하고 있다.

　건강에 특히 유의해라. 너에게 가장 중요한 건 뭐니뭐니해도 건강이니 말이다.

(아버지와 자녀를 이어주는 고리)

잭 베니 (Jack Benny)

1900년대 초반 할리우드에서 어린 시절을 보낸 조안 베니는 유명한 배우이자 코미디언인 아버지와 무척 가깝게 지냈다. 후일 조안은 토크쇼에 출연해 어린 시절에 대한 이야기를 풀어놓았다.

"어렸을 땐 사실 아버지한테서 좀더 직접적인 조언을 받고 싶었어요. 내가 개인적인 문제로 힘들어 해도 아버진 별로 도움을 주지 않으셨거든요. 그래도 다행히 사춘기가 지나면서 다시 관계가 좋아지기 시작했어요. 두 사람 모두 음악을 사랑했기 때문이죠."

조안은 어릴 때 방에서 혼자 음반을 듣거나 음악에 맞춰 노래 부르고 춤추는 걸 좋아했다. 그녀는 곧 백설 공주나 오즈의 마법사 사운드 트랙 음반을 '졸업'했고, 베토벤, 차이코프스키를 비롯한 고전 음악으로 수준을 높였다.

"사춘기 무렵까지 제가 모은 78RPM 음반만 해도 얼마나 많은지 몰라요. 그 중에서 제일 아끼는 음반은 열세 살 생일 때 부모님이 선물로 준 헨델의 메시아예요.

열 대여섯 살쯤 됐을 때 아버진 다시 바이올린을 시작하셨어요. 그 때부터 고전 음악에 대한 내 지식과 사랑이 아버지와 저를 연결하는 제일 강한 고리가 되었어요.

사실, 아버지가 고전 음악에 관심을 보이기 시작했을 때 전 이게 웬 행운이냐고 생각했어요. 마치 하늘이 내리신 행운 같았거든요. 음악에 대한 제 열정을 아버지가 이해했을 뿐 아니라 생일이나 크리스마스 때 선물 고르는 일도 해결된 셈이니까요. 이미 옷장이 가득할 정도로 넘쳐나는 그 지겨운 넥타이나 와이셔츠를 고르지 않아도 된다는 건 정말 커다란 행운이었죠. 그래서 전 바이올린 협주곡 악보나 음반을 샀고, 나중에 돈을 번 다음에는 두 가지 특별 선물을 할 수 있었답니다. 힐 앤 썬즈(Hill and Sons)에 나온 스트라디바리와 구와네리의 초판 책이었어요. 한번은 바이올린 연주가 아샤 하이페츠에게 부탁해 스트라디바리의 싸인을 받기도 했어요. 그걸 받은 아버진 기쁘다 못해 황홀해 하셨고, 물론 저 역시 개선 장군처럼 의기양양했죠.

지금 아버진 침실에 최신 스테레오 시스템을 갖춰 놓았어요. 그래서 아버지와 전 여러 바이올리니스트가 연주하는 같은 곡을 듣고 차이점을 비교하면서 몇 시간씩 시간 가는 줄 모르고 토론에 몰두하곤 하지요. 아샤 하이페츠, 아이작 스테른, 지노 프란체스카티, 나탄 밀스타인, 다비드 오이스트라흐……. 같은 곡을 여러 연주가들이 각자의 개성을 실어 연주하는 걸 듣다 보면 재미있기도 하지만 많은 것을 배우기도 하죠. 그래서 우린 그들 모두를 존경한답니다.

이제 아버지도 프로 음악가가 되어 연주회를 가지시니까 저명한 음악가를 만날 기회도 많아요. 그래도 그 때마다 아버진 슈퍼맨을 만난 꼬마처럼 흥분을 감추지 못하세요. 그리고 위대한 음악가가 아버지를 만나고 감동 받는 걸 보면 너무 놀라며 도무지 믿기지 않는다고 하시지요. 제 친한 친구인 아티 케인이 아버지를 한 번 화나게 한 적이 있어요.

두 사람이 같이 피아니스트 루돌프 세르킨의 연주회에 간 적이 있었는데, 아버지가 너무 감동 받은 나머지 연주가 끝난 다음에 분장실로 직접 루돌프 세르킨을 만나러 가셨대요. 근데 아버지를 본 세르킨이 여기저기 뒤지더니 종이 한 장을 찾아내 오히려 아버지에게 싸인을 요청하는 바람에 아버진 너무 당황하셨어요.

근데 그 얘길 들은 아티는 아버지의 겸손이 지나치다는 생각에 아버지가 세르킨을 만난 것보다 세르킨이 아버지를 만난 사실이 훨씬 영광스러울 거라고 생각한 적은 없냐고 대놓고 물었고, 그 말에 아버지는 버럭 화를 내셨다지 뭐예요. 사실 아티는 아버지를 칭찬하려고 한 말이라 도대체 왜 화를 내시는지 몰랐는데 나중에서야 이해하게 됐다고 하더군요. 아버지가 원한 건 사람들에게 감동을 받는 거지 찬사를 듣는 게 아니라는 걸요. 그런데 아티가 그걸 망친 셈이었죠.

전 아버지와 함께 음악을 듣고 악보를 읽거나 적는 법을 토론하곤 했어요. 아버지한테 실내악을 소개한 사람도 바로 저예요. 아버진 특히 벨기에 출신 음악가 프랑크의 '바이올린 소나타 A장조'와 안토니 드보르작의 '둠키 피아노 3중주곡'을 좋아하세요. 아버진 새롭게 발견한 음악 세계에 완전히 매료당한 것 같아요. 물론 동시에 그 세계를 열어 준 '영리한' 딸인 저를 아주 자랑스러워하셨구요. 친구들을 만날 때마다 제 자랑을 늘어놓으셨거든요."

사무엘 번스타인과 아들 레오나르드
(Samuel Bernstein and his son Leonard)

1962년 어느 추운 일요일 보스턴에서는 사무엘 번스타인의 장대한 칠순 파티가 열렸다. 세계적인 명성을 떨치고 있던 작곡가 레오나르드 번스타인의 아버지로서가 아니라 박애주의를 솔선수범한 사업가를 축하하기 위해 열린 연회였다. 보스턴 시장, 메사추세츠 주의 부주지사와 검찰 총장을 포함해 총 800여 명의 저명 인사가 참석했다.

이 연회에서 레오나르드 번스타인은 연단에 올라가 아주 진지한 목소리로 부자간의 관계에 대한 이야기를 풀어나갔다. 당시 번스타인은, '연사로 나오는 해설자가 하느님과 약간은 과격한 논쟁을 벌이는 줄거리'의 교향곡 카디시를 작곡하느라 고심하고 있던 차였다. 카디시 교향곡은 그 후 열여덟 달이 지난 후에야 완성됐지만 그 주제만큼은 연회 초대 손님들 앞에 선 번스타인의 머릿속에 분명히 그려져 있었다.

"아이들에게 아버지란 어떤 존재입니까? 아이들은 느낍니다 내 아버지는 나를 믿어 주고 벌을 내릴 수도 있는, 나의 권위를 대표하는 분이며, 나를 보호하는 분이고, 나의 삶을 책임지는 분이다. 그 분은 나를 이 세상에 태어나게 해 주셨고, 치료해 주고, 위로해 주고, 나를 위해 법을 세워 주는 분이다. 그리고 아이들은 평생 가슴속 가장 깊은 곳에 아버지의 모습을 간직하고 있으며 하느님과 선악, 그리고 복수를 생각할 때마다 그 모습을 떠올립니다.

반항을 예로 들어봅시다. 누구나 한 번쯤은 아버지에게 반항하고 대들거나 때로 집을 나가기도 하지만 결국 다시 아버지의 품으로 돌아오게 됩니다. 그래서 운이 좋으면 전보다 훨씬 친밀하고 돈독한 관계가 되기도 하지요. 이 같은 부자의 관계는 하느님과 인간의 관계로 비유할 수도 있습니다. 모세 역시 하느님에게 반항하고 논쟁을 통해 하느님의 마음을 바꾸려고 애썼으니까요. 이처럼 아이들은 아버지에게 반항하기 마련이고 그 반항의 일부는 평생 그의 마음속에 남아 있는 것도 사실입니다.

저는 아버지가 되고 나서야 비로소 '위대한 사람, 바로 나의 아버지 사무엘 J. 번스타인께서 보여 주신 여러 가지 모습'을 이해할 수 있었습니다."

번스타인은 연설 내용이 축하 연회에 비해 지나치게 심각한 걸 느끼고 다시 분위기를 띄우기 위해 삼십 년 전 보스턴 근처에서 최초로 가졌던 공연 이야기를 들려주었다.

"그 때 전 직접 작곡한 곡을 연주했는데, 그건 아버지가 샤워하실 때마다 부른 노래에 약간 변화를 주어서 만든 곡이었죠. 아버지 노래를 자주 듣다 보니까 저도 그 곡조가 좋아졌거든요."

그리고 번스타인은 아버지의 칠순을 맞이해 자기만의 스타일로 새 곡을 만들었다며 장난스럽게 제목을 소개했다—"30년 전 샤워하면서 아버지가 부르신, 경건한 주제에 관한 명상".

후일 번스타인은 그 곡을 카디시 교향곡에 포함시켰다.

(아들에 대한 그리움)

윌리엄 딘 하웰즈 (William Dean Howells)

윌리엄 딘 하웰즈는 19세기 후반 미국에서 가장 사랑받은 소설가였다. 그는 〈실라스 랩헴의 출세(The Rise of Silas Lapham)〉와 같은 작품에서 문학적 사실주의를 구현한 것으로 평가받고 있다. 편집자, 전기 작가, 소설가이자 비평가이기도 했던 하웰즈는 미국 문화에 거대한 영향을 준 인물로 실제 마크 트웨인과 같은 직업 작가의 탄생에 많은 도움을 주었다.

1896년 9월 하웰즈는 집을 떠나 파리에서 예술 공부를 마칠 것인지 결정하지 못하고 고민하다가 마침내 파리로 떠난 스물한 살의 아들 존에게 격려의 편지를 보냈다.

너를 떠나보내고 나니 아주 이상한 기분이 드는구나. 우린 언제나 함께 지냈으니, 너를 떠나보내는 걸 내가 얼마나 싫어했는지 너도 잘 알 게다. 예전에 할아버지가 아버지를 떠나보낼 때 어떤 심정이었는지 이제야 이해가 되는구나. 너도 후일 아들이 생기면 할아버지와 내가 느낀 이 슬픔을 다시 느끼게 되겠지. 그렇지만 인생이란 다 그런 거 아니겠니? 이별도 인생의 한 부분으로 받아들여야 할 수밖에 없겠지. 나로선 네가 자신의 의무에 충실하다는 사실 하나로 만족할 수밖에 없구나.

그리고 아버지가 조금 격한 모습을 보여 미안하고 부끄럽다는 고백도 해야겠구나. 그렇지만 정말 마지막 순간 선창가에서 너를 향해 웃을 수 있다는 게 이 아버지는 너무나 기뻤다.

공부해야 할 내용을 제대로 찾아서 실력을 많이 쌓으면 좋겠구나. 마음과 손 모두가 충분한 연륜을 갖출 수 있기를 기대한다. 앞으로는 나도 네 작품을 더 잘 이해하기 위해 노력하겠다. 얼른 편지하려무나, 너를 둘러싼 모든 상황이 궁금하단다.

(힘을 주는 한마디)

알프레드 애들러 (Alfred Adler)

오스트리아 출신의 의사 알프레드 애들러는 지그문트 프로이트, 칼 융과 함께 현대 심리 요법의 창시자로 널리 알려져 있다. 그는 1920년대 중반 미국으로 이민해 아동 심리, 가정 교육, 가족 관계에 관한 책을 저술해 일약 베스트셀러 작가로 부상했으며 강사로도 명성을 날렸다. '열등 콤플렉스'라는 말을 만들어 낸 애들러는 청소년 시기에 건강한 자기 존중이 무엇보다 중요하다고 강조했다. 애들러의 네 아이 가운데 알렉산드라와 컬트는 아버지의 뒤를 이어받아 역시 정신과 의사가 되었다. 그들은 따뜻하면서도 어떤 면에선 카리스마적인 아버지를 존경했으며 아버지에 관한 여러 가지 일화를 들려 주었다.

알렉산드라는 열 살 때 수학을 못했다고 한다.

"난 그 때 첫 시험을 보지 않고 집으로 와 버렸어요. 도저히 자신이 없었거든요. 그러자 아버지가 '무슨 일이니? 다른 사람이 전부 할 수 있는 걸 너만 못할 거라고 생각하는 이유가 뭐니? 노력하면 할 수 있는 법이야.' 하고 말씀하셨어요. 그렇게 격려를 받고 나서 얼마 지나지 않아 난 산수 시험에 일등을 했어요. 그땐 선생님도 '알렉산드라, 노력하면 된다는 걸 이제 알았지?'라고 말씀하셨죠."

알렉산드라가 산수 때문에 힘들어 하던 시기에 2학년인 컬트 역시 문제가 있었다. 컬트 애들러는 그 때 일을 생각하면 지금도 웃음이 나온다고 한다.

"그 때 우리가 다닌 학교는 소위 말하는 진보적인 학교였는데 그 정도로는 아버지 마음에 차지 않았나봐요. 별로 좋아하지 않으셨거든요. 하루는 선생님이 전체 학생 앞에서 나더러 공부를 못한다고 야단친 적이 있어요. 그런데 그 날 저녁에 아버지에게 그 일을 얘기했더니, 아버지가 느닷없이 '네 선생님은 바보구나' 하고 말씀하셔서 얼마나 놀랐는지 몰라요. 그렇지만 그 한 마디에 나는 많은 힘을 얻어 열심히 공부하게 됐어요."

한편, 당시 지성인들은 자녀와 함께 성에 대해 자유분방하게 토론하지 못했는데 그 점에 있어서는 지그문트 프로이트나 알프레드 애들러 역시 마찬가지였다. 책과 기사를 통해 성욕이 인간에게 가장 중요한 충동임을 강조했지만 자식들과 그 주제를 놓고 얘기한다는 건 완전히 다른 문제였다. 애들러는 단 한 번 아들 컬트에게 성에 대해서 넌지시 비유로 말한 적이 있다고 한다.

1920년대 중반 애들러는 이탈리아로 결정된 고등학교 졸업 여행을 앞두고 흥분해 있는 아들 컬트를 서재로 불러 어렵게 다음과 같이 당부했다고 한다.

"컬트야, 성병에 걸리지 않는 확실한 방법이 하나 있는데, 그것은 진정한 사랑을 하는 것이란다."

(아버지에 대한 기억)

사무엘 골드윈 (Samuel Goldwyn)

할리우드를 만든 거물들이 사는 곳, 세상과 동떨어진 그 호화찬란한 세계에서 사무엘 골드윈은 가족에게 유별나게 헌신적인 사람으로 알려져 있다. 유명한 영화 감독인 그 역시 사람들과 어울려 도박을 즐기고 때로 여자 관계로 구설수에 오르긴 했지만 동료들이 볼 때, 골드윈의 생활은 놀라울 정도로 가정적이었다. 케네디 가문의 유명 인사 가운데 한 사람인 조셉 P. 케네디가 남부 캘리포니아에 위치한 할리우드에 가끔 들를 때마다 그는 골드윈을 가리켜 힐리우드에서 '진짜 가정을 가진' 단 한 사람이라고 말했다고 한다.

골드윈의 아들 샘 골드윈 2세는 어릴 때 아버지를 생각하면 제일 먼저 떠오르는 것이 '뽀뽀하는 모습'이라고 한다. 특히 기억에 남는 일은 1930년 9월 7일, 바로 그의 네 번째 생일날이었다.

아침 일곱시에 일어난 샘은 당시 그들이 머물고 있던 2층 여름 별장 계단을 잽싸게 달려 내려오며 "아빠, 나 이제 네 살이에요!"하고 소리쳤다. '꼬마'로 불리던 샘은 흥분에 들떠 있었다.

그 이른 시간에 벌써 카드 게임에 빠져 있던 골드윈은 샘을 달래며 "잠깐만, 이것만 끝내고. …… 이런, 제기랄, 졌잖아!"

하며 화를 냈다.

그러나 골드윈은 불같이 화내던 것도 잠깐, 금방 뒤로 돌아 두 팔을 크게 벌리고 샘을 꼭 껴안아 뽀뽀를 했다.

그런데 샘은 그 날의 사건을 얘기하다가 잠시 말을 멈추더니, 앞에서 한 말을 번복했다.

"그러고 보니, 아버지를 생각하면 먼저 떠오르는 건 카드 놀이하는 모습이군요."

(자식이 자라는 즐거움)

아이작 아시모프(Isaac Asimov)

"내가 아이를 좋아하지 않는 건 사실이지만 그래도 남자아이보다는 여자 아이가 낫다는 걸 인정해야겠더군요."

미국의 유명한 공상 과학 소설가 아이작 아시모프가 한 말이다. 그는 첫 아이 데이비드가 태어났을 때 아내는 이미 서른다섯 살이었고, 아주 힘든 임신이었기 때문에 두 번째 아이는 생각도 못 했다고 한다. 그런데 데이비드를 낳은 지 사 년이 지나지 않아 딸 로빈이 태어났다.

아시모프는 세상을 떠나기 얼마 전에 출판한 세 번째 자서전에서 딸에 대한 이야기를 이렇게 썼다.

로빈은 별로 울지 않았다. 어찌나 성질이 좋은지……. 똥오줌도 금방 가렸고, 모든 면에서 만족스러웠다. 가끔 분유를 먹고 나서 내 셔츠 위에다 몰래 토해내는 것만 빼면 말이다.

로빈이 금발 머리에 푸른 눈을 가진 예쁜 소녀로 자라는 걸 볼 때마다 나는 얼마나 기뻤는지 모른다. 일곱 살이 될 즈음에 로빈은 《이상한 나라의 앨리스》 그림책에 나오는 앨리스와 똑같은 모습이었다. 어찌나 비슷했던지 학교에 입학하는 날 담임 선생님이 첫눈에 로빈을 앨리스 역으로 점찍고 연극 공연을 준비할 정도였다.

나는 로빈에게 늘 세상에서 제일 예쁜 아이라고 말했으며, 아무리 많이 껴안아도 부족한 것 같았다. 한번은 아내가, 자신의 어린 시절을 떠올리고 한 말인 것 같은데, 로빈을 너무 부추기지 말라고 했다. 나중에 자라서 못나면 어쩌려고 그러냐는 걱정이었다.

그 말에 나는 조금도 지지 않고 대답했다.

"아니야, 그럴 리 없어. 게다가 설사 로빈이 못생긴 얼굴로 변한다 해도 내 눈에는 여전히 예쁠 거니까 상관없어. 난 내 딸한테 그 사실을 알려 주고 싶을 뿐이야."

그런데 로빈은 나뿐 아니라 모든 사람의 눈에 띌 정도로 아름다운 숙녀로 자라났다. 어머니와 비슷한 156 센티미터의 키에 눈부실 정도로 아름다운 금발 머리, 눈동자가 조금 더 짙어진 귀여운 숙녀가 된 것이다. 그러나 아름다운 외모보다 더 중요한 건 로빈의 착한 마음씨였다. 부드럽고 사랑스러운 로빈은 아버지의 사랑을 온전히 돌려 주었다.

로빈이 아직 꼬마 숙녀였을 때, 우리 집을 방문한 손님에게 내가 우리 딸 로빈이 아버지를 얼마나 아껴 주는지 모른다고 말한 적이 있다. 그러자 그 사람은 약간 냉소적으로 말했다.

"아니, 해 달라면 뭐든 다 해 주는 부자 아버지를 싫어할 아이가 어딨어요?"

나는 그 말에 얼마나 가슴이 아팠는지 모른다. 나는 로빈이 진실한 대답을 해 줄 거라 생각하고 딸에게 물었다.

"애야, 너는 아버지가 가난해도 좋아하겠니?"

그러자 로빈은 조금도 망설이지 않고 말했다.

"물론이죠. 그래도 절 예뻐하셨을 거잖아요, 그죠?"

그 말을 듣고 나는 만족했다. 로빈이 아버지의 재산보다 웃음이 가득한, 행복한 생활을 더 소중하게 여긴다는 게 분명해졌으니까 ……

존 F. 케네디 (John F. Kennedy)

존 F. 케네디는 아이들을 무척 사랑했다. 1961년 1월 마흔세 살의 케네디가 대통령으로 취임했을 때 큰딸 캐롤라인은 걸음마를 배우고 있었고, 존은 태어난 지 며칠 되지 않은 상태였다. 나중에 루스벨트 전 대통령의 딸 앨리스 루스벨트 롱워스가 백악관에 있는 케네디 가족을 방문해서 아이들이 백악관 2층을 자유분방하게 뛰어다니는 모습을 보곤, "나도 이 곳에 살 때는 저렇게 뛰어다녔다."면서 미소를 머금었다.

캐롤라인은 아침마다 아버지 케네디 대통령을 따라 아래층 집무실로 내려왔다. 캐롤라인은 아버지를 '우스꽝스러운 아빠'라고 불렀고, 케네디 대통령은 딸을 '단추'라고 불렀다. 심지어 참모들과 아침 회의를 할 때도 캐롤라인은 케네디 대통령의 무릎 위에서 떨어질 줄 모르거나, 회의실로 당당하게 걸어 들어와 커다란 목소리로 '엄마가 오래요' 하고 소리를 지르기 일쑤였다.

후일 영부인 재키는 남편에 대해 이렇게 말했다.

"대체적으로 볼 때, 남자들은 여자들에 비해 아이를 좋아하지 않잖아요? 그런데 그이는 달랐어요. 아이가 여럿이면 더 좋았을 거예요."

대통령 선거 운동을 하는 동안 캐롤라인을 볼 시간이 별로 없었던 케네디는 대통령 당선 후 딸아이가 크는 모습을 매일같이 지켜볼 수 있게 되자 보통 기뻐한 게 아니었다. 그는 캐롤라인에게 짧은 시를 가르쳐 주고 여러 가지 이야기를 지어서 들려주기도 했다. 캐롤라인은 세 살이 채 되기도 전에 아버지에게 생일 축하 카드를 그려 주었다. 한번은 무릎이 까져 막 울려

던 차에 아버지가 '케네디 가문은 울지 않는다' 하고 한마디 하자 뚝 그칠 정도로 아버지를 따랐다고 한다.

일부에서는 케네디의 아이들이 정치 연극에 이용된 거라고 비난하기도 했다. 물론, 캐롤라인과 존 2세가 대통령 집무실에서 아버지의 무릎 위에 앉거나 책상 밑에 숨어 노는 모습을 일부러 사진 기자들에게 공개한 건 사실이다. 그런 모습이 여론에 바람직했기 때문이다. 그러나 매일 아침 케네디 대통령이 어린 존에게 '이리 오렴, 일하러 가자'고 다정스럽게 말할 때, 그러면 어린 존이 잠옷을 입은 채 아버지와 함께 집무실까지 아장아장 걸어갈 때는 기자들이 없었다. 심지어 각료실에 한동안 흔들목마가 놓여 있기도 했다. 그 당시, 케네디 대통령은 각료들이 모인 자리에서 이렇게 말했다고 한다.

"저 흔들목마를 여기에 놓는 이유는 언제나 어린 세대를 생각하고 그들에게 책임져야 한다는 사실을 되새기기 위해서입니다."

케네디는 새 조카가 태어났다는 소식을 듣자마자 장난끼 섞인 편지를 보내기도 하였다.

"네가 우리 가문의 막내동이로 태어난 걸 환영한다. 넌 마침 적절한 시기에 태어났다. 우리 팀에 좌익수가 필요한 참이었거든. 하지만 제발 네 엄마 아빠처럼 정치인 자질을 물려받지도 말고, 할아버지처럼 문장력을 타고나거나 또 이 큰아버지처럼 갖가지 문제로 골치썩는 일이 없기를 바란다."

한번은 아버지 조셉 케네디가 대통령인 아들에게 이렇게 농담을 한 적이 있었다.

"캐롤라인은 정말 영리하구나. 네가 저 나이일 때보다 더 똑똑한 것 같애."

그러자 케네디 대통령이 재빠르게 받아쳤다.

"당연하죠. 저 아이 아버지가 누군데요!"

(아들을 위한 노래)

밥 딜런(Bob Dylan)

밥 딜런은 당대 최고의 인기를 누린 작곡가와 가수를 뛰어넘어 그 세대를 대표하는 상징이었다. 동요의 시대, 1960년대, 밥 딜런의 정열적인 노래는 시민권 회복을 둘러싼 사회 운동, 반전 집회, 촛불 행진과 항상 함께 했다. 이런 물결을 타고 밥 딜런은 문화적 우상으로 부상했다.

음악계에서 이처럼 놀라운 업적을 남긴 밥 딜런 역시 아버지였다. 그는 아이가 다섯이었는데, 다소 젊은 나이에 결혼했기 때문에 스물다섯에 첫 아이를 낳았다.

1972년 초 서른 살이 된 딜런은 처음으로 세월의 흐름을 실감했다고 한다. 그리고 아직 갓난쟁이였던 아들 제이콥을 위해 노래를 지었다. '영원한 젊음(Forever Young)'이 바로 그 노래인데, 이 곡은 제목과 더불어 섬세한 감정과 아름다운 선율, 가사가 그려내는 시적인 이미지가 어우러져 지금까지 가장 많은 사랑을 받는 곡으로 남아 있다.

하느님의 축복이 언제나 그대와 함께 하소서.

그대의 모든 소원이 이루어지게 하소서.

언제나 그대는 다른 사람을 위해, 다른 사람은 그대를 위해 살게 하소서.

그대, 저 하늘의 별에 이르는 사다리를 세우고 천천히 오르소서.

그리고, 영원한 젊음을 누리소서.

그대 자라서 올바른 사람이 되게 하소서. 진실되게 하소서.

언제나 진실을 알고, 그대 주위에서 빛나는 밝음을 보게 하소서.

그대 언제나 용감하소서. 고결하고 강인하소서.

그리고, 영원한 젊음을 누리소서.

영원한 젊음. 영원한 젊음. 그대 영원한 젊음을 누리소서.

그대 손이 바쁘게 하소서. 그대 발도 바쁘게 하소서.

변화의 바람이 몰아쳐도 견뎌내는 튼튼한 뿌리를 가지게 하소서.

그대의 마음, 즐거움이게 하소서. 그대의 노래, 울리게 하소서.

그리고, 영원한 젊음을 누리소서.

영원한 젊음. 영원한 젊음. 그대 영원한 젊음을 누리소서.

(말로 표현할 수 없는 것)

윌리엄 칼로스 윌리엄 스(William Carlos Williams)

1963년 시 부문 퓰리처 상을 수상한 윌리엄 칼로스 윌리엄스는 당시 사십 년 이상의 경력을 가진 소아과 의사였다. 1951년에 쓴 자서전에서 그는 이 렇게 말했다.

"의학은 뭐랄까…… 나에게 '자아' 라는 비밀 정원으로 들어가는 문을 열어 준 셈이다. 의학을 공부하면서 나는 가난하고 좌절한 사람들과 그들이 느끼 는 절망의 깊이를 이해하게 되었다."

윌리엄스의 뛰어난 영감과 기교는 월트 휘트먼과 비교될 수 있다. 두 사람 은 사물과 경험의 근본적인 가치를 전하는 방법으로 자유시 형식을 택했다. 1944년 7월 윌리엄스는 2차 대전에 참전한 큰아들 에릭에게 편지를 써서 아버지가 줄 수 있는 자신만의 독특하고 감동이 담긴 이야기를 들려 주었 다.

빌, 나는 네가 얼마나 자랑스러운지 모른다. 그래서 지금 네 가 걷고 있는 길을 생각하며 직접 말로 전할 수 없는 많은 것을 글로 적는 바이다.

너를 보면 내 과거를 보는 듯한 느낌이 든다. 물론 다른 점 도 많지만. 어떤 때는 이런저런 충고나 칭찬을 하고 싶을 때도 있다. 예전에 내가 잘못한 일, 힘들게 내렸던 결정이지만 후일 많은 도움이 된 일, 그 모든 것을 말하고 싶지만 언제나 말로 할 수 있는 건 많지 않구나.

　비록 내 아들이긴 하지만 너는 완전히 새롭고 전혀 다른 개인으로 살아가고 있으며, 내가 젊은 시절에 겪은 삶과 지금 네가 겪고 있는 삶은 분명 다르다는 사실을 잘 알기에 더더욱 섣불리 말을 꺼낼 수가 없구나. 그렇지만 말을 꺼낼 수 없는 진짜 이유는 — 그냥 할 수 없기 때문이다. 그리고 굳이 말을 한다 해서 너에게 꼭 좋은 건 아닐 테니 말이다. 이와 똑같은 이유로 이 아버지는 마음에서 진정으로 우러나오는 칭찬도 제대로 표현할 수가 없구나.

(질병을 극복하려면)

마크 트웨인 (Mark Twain)

미주리 주 출생의 소설가 새뮤얼 클레멘스는 미국 문학의 거장으로서 마크 트웨인이라는 필명으로 더 널리 알려져 있다. 19세기 후반에 발표한 〈허클베리핀의 모험(The Adventures of Huckleberry Finn)〉, 〈왕자와 거지(The Prince and The Pauper)〉, 〈아서 왕 법정에 선 코네티컷 양키(A Connecticut Yankee in King Arthur's Court)〉 등의 작품에는 서민적인 유머와 통렬한 사회 비판이 녹아 있다.

1907년 1월, 몇 년 전에 아내를 잃고 힘들어 하던 트웨인은 스무 살 난 딸 진에게 통찰력과 지혜가 담긴 편지를 전했다. 당시 간질병을 앓고 있던 진은 뉴욕의 한 개인 병원에서 희망 없는 '치료'를 받으며 깊은 좌절감에 빠져 있었다.

굳은 결의로 이 어려운 상황을 견뎌내고 네가 갖고 있던 온유한 영혼을 되찾기 위해 노력해라. 우리 모두 네가 회복되기를 간절히 바란다는 사실을 명심하기 바란다. 이건 누구도 부정할 수 없는 사실이다. 네가 사람들을 나쁘게 보는 건 병 때문에 네 마음이 약해진 탓이다. 우리 모두 네가 잘되기만 바라고 있다. 그래도 좋지 않은 생각이 들면 예전에 네가 보여준 자신만만하고 친절한 마음을 되살려 그런 생각을 물리치도록 하거

라. 언제나 사람들의 좋은 면을 생각하거라. 단점을 보고 전전
긍긍하지 말거라. 그러면 더 행복하게 살 수 있을 게다.

진은 아버지의 충고를 받아들였으며, 퇴원한 다음에는 아버
지의 비서로 열심히 일했다. 그러나 1909년 크리스마스 무렵
결국 병이 악화되어 세상을 떠나고 말았다. 슬픔에 빠진 트웨
인은 언론에 진의 사망 기사를 내고 다시는 글쓰지 않겠다고
맹세했다. 그는 끝까지 이 맹세를 지켰으며 몇 달 후에는 자신
도 이 세상을 떠났다.

(논쟁과 토론의 즐거움)

프랭크 닉슨과 아들 리차드
(Frank Nixon and his son Richard)

미국 대통령 리차드 닉슨은 만년에 어머니를 '위대한 여성' 또는 '성인'으로 칭하곤 했다. 그러나 아버지에 대해서는 이 같은 찬사를 한 적이 없었다. 그의 아버지 프랭크 닉슨은 전차 기관사로 일했는데, 이후 캘리포니아 남부의 시골 지역에 주유소를 차렸다가 다시 식료품 가게로 바꾸었다. 성격이 아주 급했던 사람이었지만 그 독특한 개성이 야심만만한 아들에게 많은 영향을 주었다. 리차드 닉슨은 아버지에 대해 이렇게 말한다.

아버지는 화도 잘 내셨지만 웃기도 잘했습니다. 어린 시절을 생각하면 가장 먼저 떠오르는 건 바로 아버지의 성격입니다. 아버지는 우리 형제와 가끔 격렬한 논쟁을 벌이곤 했는데, 어떤 때는 고함 소리가 너무 커 동네 사람이 다 들을 정도였습니다.

아버지는 엄할 뿐 아니라 언제나 규율을 강조하시는 분이었습니다. 그래서 아버지가 기분이 좋지 않을 때는, 어머니가 그러셨던 것처럼, 우리 모두 기분을 거스르지 않기 위해 조심했습니다. 제가 지금도 사람들과 감정적으로 맞서기 싫어하는 이유는 바로 그런 경험 때문이 아닐까 생각합니다.

아버진 가게를 열었을 때도 마찬가지였습니다. 손님들과 이런저런 주제를 놓고 자주 격렬하게 논쟁을 벌였지요. 버럭 화를 내기도 하셨지만 개인적인 감정이 있어서 그런 건 아니었어요. 토론에 활력을 불어넣는 아버지만의 독특한 방법이었지요. 제가 토론가로 재능을 가지고 있다면 그건 분명 아버지에게 물려받은 재산일 겁니다. 아버지는 정말 논쟁과 토론을 좋아했어요. 제가 대학에 입학한 후 토론팀에 들어갔을 때 아버지는 자주 토론장까지 차로 태워 주셨고 교실 뒤에 앉아서 토론 내용을 열심히 들으셨어요. 그리고 집으로 돌아오는 길에 그 내용을 하나하나 분석하셨습니다.

프랭크 닉슨은 정치에도 관심이 많았기 때문에 아들 리차드가 정치에 입문한 그 순간부터 아들의 열렬한 지지자가 되었다.

아들인 제가 정치인으로 성공했다는 건 아버지에게 당신이 믿고, 목표로 삼고 일하신 그 모든 것이 옳다는 걸 뜻했습니다. 아버지는 이 땅에서 굳은 결의로 열심히 일하면 어떤 사람이라도 무엇이든 이룰 수 있다고 확신하고 계셨거든요. 제가 하원의원으로 있을 때 저는 아버지에게 매일 발간되는 의회 신문을 보내드렸어요. 그러면 아버지는 하나도 빼놓지 않고 읽었는데, 하원의원이나 상원의원 가운데도 그만큼 열의를 보이는 사람이

드물 정도였죠. 또 제가 부통령으로 출마했을 때 아버지는 몇 년 동안 구독하던 오하이오 저널(Ohio State Journal)에 노골적으로 저를 지지하라는 내용의 제안서를 보내기도 했습니다.

'이 아이는 내가 기른 다섯 아이 가운데 하나고, 우리 아이 만큼 훌륭한 사람은 없습니다. 귀사가 우리 아이를 지원한다면 그건 오하이오 저널이 아직은 쓸모있다는 걸 의미할 게요.'

중국의 고전에서 배우는 삶의 지혜 **도시를 걷는 낙타1 · 2**	세계 4대 문명 발상지의 하나인 중국 고전 속의 우화와 서울대 허성도 교수의 담론을 함께 엮은 책.	편저자 / 허성도 판형 · 제본 / 신국판 · 양장본 쪽수 / 240쪽 값 / 각권 6,400원
우리 선인들의 옛 글귀에서 배우는 삶의 지혜 **세상을 거꾸로 보는 관상쟁이**	세상을 바로보는 지혜와 성찰의 자세를 배우게 하는 우리 선인들의 옛 글귀.	편저자 / 설성경 판형 · 제본 / 신국판 · 양장본 쪽수 / 256쪽 값 / 6,800원
조롱1 · 2	풀리처상 수상작. 패러독스와 풍자를 통해 현대 자본주의 문화를 신랄하게 비판한 블랙코미디.	자은이 / 존 케네디 툴르 옮긴이 / 정은호 판형 / 신국판 쪽수 / 280쪽 값 / 각권 6,800원
파블로 네루다와 우편배달부	노벨 문학상에 빛나는 한 소년의 우정. 마음속 깊은 곳을 찡하게 울리는 감동 깊은 소설.	자은이 / 안토니오 스카르메타 옮긴이 / 권미선 판형 / 신국판 쪽수 / 198쪽 값 / 5,600원
문신	프랑스가 인정한 스페인 최고의 베스트셀러. 인간은 과연 무엇 때문에 사는가를 섬세하게 추적한다.	자은이 / 마누엘 바스케스 몬탈반 옮긴이 / 안금영 판형 / 신국판 쪽수 / 256쪽 값 / 6,800원
남쪽바다	플라네타상 수상작. 전환기 스페인 사회가 안고 있는 각 계층의 문제와 실존적 삶의 고뇌에 대한 심도있는 의문을 제시.	자은이 / 마누엘 바스케스 몬탈반 옮긴이 / 안금영 판형 / 신국판 쪽수 / 256쪽 값 / 6,800원
腦內革命 (뇌내혁명 · 원리편)	뇌분비 호르몬이 당신의 인생을 바꾼다. 플러스 발상이 몸과 마음에 약이 된다는 사실을 의학적 · 과학적으로 밝힌 책.	자은이 / 하루야마 시게오 옮긴이 / 반광식 판형 / 4 · 6판 양장 쪽수 / 272쪽 값 / 7,500원
腦內革命2 (뇌내혁명2 · 실천편)	뇌를 활용하라. 문제는 해결된다! 수험생, 아이디어 싸움을 하는 직장인, 중견간부, 우울증에 시달리는 주부를 위한 두뇌활용 실천편	자은이 / 하루야마 시게오 옮긴이 / 박해순 판형 / 4 · 6판 양장 쪽수 / 288쪽 값 / 7,500원

快癒力 (쾌유력)	이미지를 바꾸면 건강해질 수 있다. '병 걱정을 하지 않고, 건강 걱정을 하지 않는다' 인생을 즐겁게 사는 최고의 비결!	지은이 / 시노하라 요시토시 판형·제본 / 4·6판·양장본 쪽수 / 240쪽 값 / 7,200원
快腦教育 (쾌뇌교육)	산바람 교육이 가정과 회사를 살린다! 칭찬과 격려로 의욕이 솟구치게 만들고 잘못한 부분이 있으면 다음에는 잘할 수 있을 거라며 용기를 북돋아 주고 미래에 대한 비전을 제시한다.	지은이 / 야마모토 미츠아키 판형·제본 / 4·6판·양장본 쪽수 / 264쪽 값 / 7,500원
Business Word Power 600	짧고 간결하게 비즈니스 영어의 맥을 잡았다! 실무 영어와 TOEIC, 영어회화, 문제풀이 등 영어를 가장 효과적으로 정복할 수 있는 비법이 담겨 있는 책.	지은이 / 마스자와 후미코 옮긴이 / 김인철·이선희 판형 / 4·6판 쪽수 / 248쪽 값 / 5,500원
지식자본	인간의 지식은 가장 중요한 자본! 세계 유수 기업 및 기업가의 특징을 분석하여 2천년대 사회를 선도하는 데 가장 중요한 자산을 규명한 책.	지은이 / 애니 브루킹 옮긴이 / 김광영 판형 / 신국 변형판 쪽수 / 272쪽 값 / 8,500원
절벽산책	어느 날 갑자기 실직의 고통이 찾아왔다! 전직 교수인 저자는 2년 반 동안 101 군데 대학에 이력서를 보내지만 거절당한다. 극심한 불황은 모든 사람의 일자리를 빼앗고 있었던 것이다. 그가 실직의 고통을 딛고 페인트공으로 변신하기까지 느끼는 노동의 가치와 가족의 소중함이 아름답게 그려 있다.	지은이 / 돈 슈나이더 옮긴이 / 김정우 판형 / 신국판 쪽수 / 348쪽 값 / 6,800원
※ 근간 예정 **감성이 있는 여성이 성공한다(가제)**	여성은 어떻게 자신의 감성을 의식하고 감성을 이성적으로 사용할 것인가	지은이 / 마리엘라 사르토리우스 옮긴이 / 송순섭